中华人民共和国
治安管理处罚法
新旧对照与重点解读

法律出版社法规中心　编著

法律出版社
LAW PRESS·CHINA
—— 北京 ——

图书在版编目（CIP）数据

中华人民共和国治安管理处罚法新旧对照与重点解读 / 法律出版社法规中心编著. -- 北京 : 法律出版社, 2025（2025. 7 重印）. -- ISBN 978-7-5197-9291-6

Ⅰ. D922. 145

中国国家版本馆 CIP 数据核字第 20242VT998 号

中华人民共和国治安管理处罚法新旧对照与重点解读
ZHONGHUA RENMIN GONGHEGUO ZHIAN GUANLI CHUFAFA XINJIU DUIZHAO YU ZHONGDIAN JIEDU

法律出版社法规中心 编著

责任编辑 陈昱希 王 睿
装帧设计 李 瞻

出版发行 法律出版社
编辑统筹 法规出版分社
责任校对 李慧艳
责任印制 耿润瑜
经　　销 新华书店

开本 A5
印张 5. 75　**字数** 229 千
版本 2025 年 7 月第 1 版
印次 2025 年 7 月第 2 次印刷
印刷 固安华明印业有限公司

地址：北京市丰台区莲花池西里 7 号（100073）
网址：www. lawpress. com. cn
投稿邮箱：info@ lawpress. com. cn
举报盗版邮箱：jbwq@ lawpress. com. cn

销售电话：010-83938349
客服电话：010-83938350
咨询电话：010-63939796

书号：ISBN 978-7-5197-9291-6　**定价**：20. 00 元

凡购买本社图书，如有印装错误，我社负责退换。电话：010-83938349

编辑出版说明

2025年6月27日，第十四届全国人民代表大会常务委员会第十六次会议通过了最新修订的《中华人民共和国治安管理处罚法》。《治安管理处罚法》对于维护社会治安秩序，保障公共安全，保护公民、法人和其他组织的合法权益等方面发挥了重要作用。为满足社会各界对《治安管理处罚法》学习、了解、查阅的需要，我们结合多年的出版经验，推出了《中华人民共和国治安管理处罚法新旧对照与重点解读》。本书突出对照与解读，重点包括以下内容：

一、收录2025年最新《治安管理处罚法》的修订文本，同时针对2012年《治安管理处罚法》的相关条文整理为新旧对照表，通过“**黑体**”的形式表示法条的修改或新增内容，通过“~~删除线~~”的形式表示原有法条的删除内容，使读者清晰了解条文的变化。

二、目录部分对具体条文加以条旨，意在用精练的文字概括该条文的含义，便于读者理解、查阅和准确定位。

三、为便于理解最新修订的《治安管理处罚法》，本书在对照表右侧增加“重点解读”一栏，对相关条文进行简明阐释，使读者能快速学习理解《治安管理处罚法》的要点，并辅之以“关联法规”，供读者参考。

四、本书将与《治安管理处罚法》有关的重要法规文件附录于后，便于读者学习使用。需要说明的是，附录相关法规文件中涉及的《治安管理处罚法》条文均为2025年修订前条文，也请读者参考书中新旧条文对照使用。

由于编者水平所限，书中难免有不当之处，还望读者在使用过程中不吝赐教，提出您的宝贵意见，以便本书继续修订完善。

法律出版社法规中心

2025年7月

目　录

中华人民共和国治安管理处罚法新旧对照与重点解读 …………………… 1
第一章　总　　则 ……………………………………………………………… 2
第一条　【立法目的】 …………………………………………………… 2
第二条　【党的领导与综合治理】 …………………………………… 2
第三条　【适用情形与法律依据】 …………………………………… 3
第四条　【程序适用规则】 …………………………………………… 4
第五条　【适用范围】 …………………………………………………… 4
第六条　【基本原则】 …………………………………………………… 6
第七条　【主管与管辖】 ………………………………………………… 7
第八条　【民事责任与刑事责任的适用】 ………………………… 8
第九条　【调解处理原则】 …………………………………………… 9
第二章　处罚的种类和适用 ………………………………………………… 10
第十条　【处罚种类】 …………………………………………………… 10
第十一条　【涉案物品及违法所得财物的处理】 ……………… 10
第十二条　【未成年人违反治安管理的处罚规则】 …………… 11
第十三条　【精神病人、智力残疾人违反治安管理的责任认定】 ………………………………………………………… 12
第十四条　【盲人或又聋又哑的人违反治安管理的处罚规则】 ………………………………………………………… 13
第十五条　【醉酒状态下的治安责任与处置措施】 …………… 13
第十六条　【数种治安违法行为的并罚规则】 ………………… 14
第十七条　【共同违反治安管理的责任划分与特殊行为处罚】 ………………………………………………………… 14

第十八条 【单位违反治安管理行为的处罚】 …………………… 15
第十九条 【正当防卫的认定与过当责任】 …………………… 16
第二十条 【从轻、减轻或者不予处罚情形】 …………………… 16
第二十一条 【自愿认罚从宽制度】 …………………… 17
第二十二条 【从重处罚情形】 …………………… 17
第二十三条 【行政拘留的免除执行及例外规定】 …………………… 18
第二十四条 【矫治教育措施】 …………………… 18
第二十五条 【追责时效及计算标准】 …………………… 19
第三章 违反治安管理的行为和处罚 …………………… 20
第一节 扰乱公共秩序的行为和处罚 …………………… 20
第二十六条 【对扰乱单位、公共场所、公共交通和选举秩序行为的处罚】 …………………… 20
第二十七条 【对扰乱考试秩序行为的处罚】 …………………… 21
第二十八条 【对扰乱体育、文化等大型群众性活动秩序行为的处罚】 …………………… 22
第二十九条 【对故意散布谣言等扰乱公共秩序行为的处罚】 …… 23
第三十条 【对寻衅滋事行为的处罚】 …………………… 23
第三十一条 【利用邪教、会道门、封建迷信进行非法活动的处罚】 …………………… 24
第三十二条 【对干扰无线电通讯秩序行为的处罚】 …………………… 25
第三十三条 【对侵害计算机信息系统安全行为的处罚】 ……… 25
第三十四条 【对传销行为的处罚】 …………………… 26
第三十五条 【对扰乱重要活动秩序、有辱英烈及历史尊严行为的处罚】 …………………… 27
第二节 妨害公共安全的行为和处罚 …………………… 28
第三十六条 【对违反危险物质管理规定行为的处罚】 ………… 28
第三十七条 【对危险物质被盗、被抢、丢失不报行为的处罚】 …………………… 29
第三十八条 【对非法携带枪支、弹药、管制器具行为的处罚】 …………………… 29

第三十九条　【对盗窃、损毁公共设施行为的处罚】 …………… 30
第四十条　【对妨碍航空器飞行安全、妨碍公共交通安全的处罚】 ………………………………………… 31
第四十一条　【对破坏铁路、城市轨道交通设施行为的处罚】 ………………………………………………… 31
第四十二条　【对违规侵入轨道交通危险区域的处罚】 ………… 32
第四十三条　【对违法安装、使用电网等危害公共安全行为的处罚】 ………………………………………… 33
第四十四条　【对违规举办大型群众性活动行为的处罚】 ……… 34
第四十五条　【对违反公众活动场所安全规定行为的处罚】 …… 34
第四十六条　【对违规操控升空物体行为的处罚】 ……………… 35
第三节　侵犯人身权利、财产权利的行为和处罚 …………… 36
第四十七条　【对强迫性侵害人身自由行为的处罚】 …………… 36
第四十八条　【对组织、胁迫未成年人有偿陪侍的处罚】 ……… 37
第四十九条　【对违法乞讨行为的处罚】 ………………………… 37
第五十条　【对侵犯人身权利六项行为的处罚】 ………………… 38
第五十一条　【对殴打或故意伤害他人身体行为的处罚】 ……… 39
第五十二条　【对猥亵及在公共场所故意裸露身体隐私部位行为的处罚】 ………………………………………… 40
第五十三条　【对虐待家庭成员、监护对象及遗弃被扶养人行为的处罚】 ………………………………………… 41
第五十四条　【对强迫交易行为的处罚】 ………………………… 42
第五十五条　【对煽动民族仇恨、民族歧视行为的处罚】 ……… 43
第五十六条　【对侵犯公民个人信息行为的处罚】 ……………… 43
第五十七条　【对侵犯公民通信自由行为的处罚】 ……………… 44
第五十八条　【对盗窃、诈骗、哄抢、抢夺、敲诈勒索行为的处罚】 ………………………………………… 44
第五十九条　【对故意损毁公私财物行为的处罚】 ……………… 45
第六十条　【学生欺凌行为的处罚及学校责任】 ………………… 45

第四节　妨害社会管理的行为和处罚 …………………………… 46
第六十一条　【对拒不执行紧急状态决定、命令及阻碍执行公务行为的处罚】 …………………………… 46
第六十二条　【对招摇撞骗行为的处罚】 …………………… 47
第六十三条　【对伪造、变造、出租、出借、买卖公文、证件、票证行为的处罚】 …………………… 48
第六十四条　【对船舶擅进禁止、限入水域或岛屿行为的处罚】 …………………………………… 49
第六十五条　【对非法社会组织活动及未获许可擅自经营行为的处罚】 ……………………………… 49
第六十六条　【对煽动、策划非法集会、游行、示威行为的处罚】 …………………………………… 50
第六十七条　【对旅馆业违反住宿登记管理及安全监管义务行为的处罚】 ……………………………… 51
第六十八条　【对违法出租房屋行为的处罚】 ……………… 52
第六十九条　【对特定行业经营者不依法登记信息行为的处罚】 …………………………………… 53
第七十条　【对非法安装、使用、提供窃听、窃照专用器材行为的处罚】 ……………………………… 53
第七十一条　【对违法典当、收购行为的处罚】 …………… 54
第七十二条　【对妨害行政执法及司法秩序行为的处罚】 ……… 55
第七十三条　【对违反禁止令等行为的处罚】 ……………… 56
第七十四条　【对被关押违法行为人脱逃的处罚】 ………… 57
第七十五条　【对妨害文物管理行为的处罚】 ……………… 57
第七十六条　【对非法驾驶交通工具行为的处罚】 ………… 58
第七十七条　【对破坏他人坟墓、毁坏尸骨和非法停放尸体行为的处罚】 ……………………………… 58
第七十八条　【对卖淫、嫖娼行为的处罚】 ………………… 59
第七十九条　【对引诱、容留、介绍他人卖淫行为的处罚】 …… 60
第八十条　【对传播淫秽信息行为的处罚】 ………………… 61

第八十一条 【对组织、参与淫秽活动行为的处罚】 …………… 61
第八十二条 【对参与赌博行为的处罚】 …………………………… 62
第八十三条 【对涉及毒品原植物行为的处罚】 ………………… 63
第八十四条 【对涉毒违法行为的处罚】 ………………………… 63
第八十五条 【对引诱、教唆、欺骗或强迫他人吸食、注射毒品行为的处罚】 ……………………………… 64
第八十六条 【对非法生产、经营、购买、运输制毒原配料行为的处罚】 ………………………………… 65
第八十七条 【对服务行业人员通风报信行为的处罚】 ……… 66
第八十八条 【对生活噪声持续干扰他人行为的处罚】 ……… 66
第八十九条 【对饲养动物违法行为的处罚】 ………………… 67
第四章 处罚程序 ……………………………………………… 67
第一节 调 查 ……………………………………………… 67
第九十条 【立案调查及处理程序】 …………………………… 67
第九十一条 【严禁非法取证】 ………………………………… 68
第九十二条 【公安机关调查取证权及相关主体证据提供义务】 ……………………………………… 69
第九十三条 【移送案件的证据使用】 ………………………… 70
第九十四条 【保密义务】 ……………………………………… 70
第九十五条 【回避】 …………………………………………… 71
第九十六条 【传唤程序及强制传唤】 ………………………… 71
第九十七条 【传唤后的询问查证要求】 ……………………… 72
第九十八条 【询问笔录制作及询问不满18周岁行为人的特别规定】 ………………………………… 73
第九十九条 【询问被侵害人及其他证人的程序规则】 ……… 74
第一百条 【委托询问与远程视频询问】 ……………………… 75
第一百零一条 【询问的语言帮助】 …………………………… 75
第一百零二条 【人身检查及生物样本采集规则】 …………… 76
第一百零三条 【治安检查的权限与程序规则】 ……………… 77
第一百零四条 【检查笔录的制作及签名】 …………………… 78

第一百零五条 【扣押的范围、程序及对扣押物品的处置】 …… 78
第一百零六条 【鉴定】 …… 80
第一百零七条 【治安案件辨认程序规则】 …… 80
第一百零八条 【公安机关调查取证工作规范】 …… 81
第二节 决 定 …… 82
第一百零九条 【治安管理处罚的决定机关】 …… 82
第一百一十条 【限制自由时间的折抵】 …… 82
第一百一十一条 【证据运用标准】 …… 83
第一百一十二条 【治安处罚告知与当事人的陈述、申辩权】 …… 83
第一百一十三条 【治安案件处理规则】 …… 84
第一百一十四条 【法制审核情形及审核人员资格】 …… 85
第一百一十五条 【治安处罚决定书的内容】 …… 86
第一百一十六条 【治安处罚决定书的宣告与送达】 …… 87
第一百一十七条 【听证的适用情形及程序要求】 …… 88
第一百一十八条 【办案期限】 …… 89
第一百一十九条 【当场处罚的条件】 …… 90
第一百二十条 【当场处罚的程序要求】 …… 90
第一百二十一条 【不服治安处罚的救济途径】 …… 91
第三节 执 行 …… 91
第一百二十二条 【行政拘留处罚的执行及解除】 …… 91
第一百二十三条 【罚款处罚的执行与当场收缴规则】 …… 92
第一百二十四条 【当场收缴罚款的交纳期限】 …… 93
第一百二十五条 【当场收缴罚款的票据管理规则】 …… 94
第一百二十六条 【行政拘留暂缓执行的条件与程序】 …… 94
第一百二十七条 【暂缓执行行政拘留的担保人条件】 …… 95
第一百二十八条 【暂缓执行行政拘留的担保人的义务】 …… 95
第一百二十九条 【没收保证金】 …… 96
第一百三十条 【退还保证金】 …… 96
第五章 执法监督 …… 97
第一百三十一条 【规范执法】 …… 97

第一百三十二条　【禁止行为】 …… 97
第一百三十三条　【执法监督与检举控告权】 …… 97
第一百三十四条　【公职人员涉案通报机制】 …… 98
第一百三十五条　【罚款决定与收缴分离】 …… 98
第一百三十六条　【治安违法记录封存与查询规定】 …… 99
第一百三十七条　【同步录音录像设备运行保障义务】 …… 99
第一百三十八条　【个人信息保护与使用限制规则】 …… 99
第一百三十九条　【人民警察办理治安案件的违法情形与责任追究】 …… 100
第一百四十条　【执法侵权赔偿】 …… 102
第六章　附　　则 …… 102
第一百四十一条　【其他法律授权处罚的执行衔接】 …… 102
第一百四十二条　【海警机构的职权】 …… 103
第一百四十三条　【“以上、以下、以内”的含义】 …… 103
第一百四十四条　【施行日期】 …… 103

附录　相关法规

中华人民共和国行政处罚法（2021.1.22修订） …… 104
公安机关办理行政案件程序规定（2020.8.6修正） …… 118
公安机关执行《中华人民共和国治安管理处罚法》有关问题的解释（2006.1.23） …… 165
公安机关执行《中华人民共和国治安管理处罚法》有关问题的解释（二）（2007.1.8） …… 170

中华人民共和国治安管理处罚法
新旧对照与重点解读

（条文中**黑体字**部分为修改或新增内容；“~~删除线~~”为删除内容）

2012 年《中华人民共和国治安管理处罚法》	2025 年《中华人民共和国治安管理处罚法》	重点解读
目　　录 第一章　总　　则 第二章　处罚的种类和适用 第三章　违反治安管理的行为和处罚 　第一节　扰乱公共秩序的行为和处罚 　第二节　妨害公共安全的行为和处罚 　第三节　侵犯人身权利、财产权利的行为和处罚 　第四节　妨害社会管理的行为和处罚 第四章　处罚程序 　第一节　调　　查 　第二节　决　　定 　第三节　执　　行 第五章　执法监督 第六章　附　　则	目　　录 第一章　总　　则 第二章　处罚的种类和适用 第三章　违反治安管理的行为和处罚 　第一节　扰乱公共秩序的行为和处罚 　第二节　妨害公共安全的行为和处罚 　第三节　侵犯人身权利、财产权利的行为和处罚 　第四节　妨害社会管理的行为和处罚 第四章　处罚程序 　第一节　调　　查 　第二节　决　　定 　第三节　执　　行 第五章　执法监督 第六章　附　　则	

续表

2012年《中华人民共和国治安管理处罚法》	2025年《中华人民共和国治安管理处罚法》	重点解读
第一章　总　　则	第一章　总　　则	
第一条　为维护社会治安秩序，保障公共安全，保护公民、法人和其他组织的合法权益，规范和保障公安机关及其人民警察依法履行治安管理职责，制定本法。	第一条　为了维护社会治安秩序，保障公共安全，保护公民、法人和其他组织的合法权益，规范和保障公安机关及其人民警察依法履行治安管理职责，**根据宪法，**制定本法。	本条是关于立法目的的规定。 本次修改强调“根据宪法”，体现了本次法律修订遵循了宪法的精神。 **关联法规** 《宪法》第28条、107条；《行政处罚法》第1条；《人民警察法》第2条；《行政强制法》第1条；《刑法》第2条；《行政复议法》第1条；《公安机关组织管理条例》第1条；《公安机关办理行政案件程序规定》第1条
第六条　各级人民政府应当加强社会治安综合治理，采取有效措施，化解社会矛盾，增进社会和谐，维护社会稳定。	**第二条　治安管理工作坚持中国共产党的领导，坚持综合治理。** 各级人民政府应当加强社会治安综合治理，采取有效措施，**预防和**化解社会矛盾**纠纷**，增进社会和谐，维护社会稳定。	本条是关于党的领导与社会治安综合治理的规定。 本条第1款是新增的内容，明确了治安管理工作需要在中国共产党的领导下进行综合治理。 第2款规定了各级人民政府应当加强社会治安综合治理。社会治安实行综合治理，是在党委和政府的统一领导下，各部门、各单位协调一致，齐心协力采取各项有力措施，运用政治、法律、行政、经济、文化、教育等

续表

2012年《中华人民共和国治安管理处罚法》	2025年《中华人民共和国治安管理处罚法》	重点解读
		多种手段进行综合治理，从根本上预防和减少违法犯罪，维护社会秩序，保障社会稳定。 **关联法规** 《宪法》第1条；《中共中央、国务院关于加强社会治安综合治理的决定》；《中央社会治安综合治理委员会关于社会治安综合治理工作实行"属地管理"原则的规定（试行）》
第二条 扰乱公共秩序，妨害公共安全，侵犯人身权利、财产权利，妨害社会管理，具有社会危害性，依照《中华人民共和国刑法》的规定构成犯罪的，依法追究刑事责任；尚不够刑事处罚的，由公安机关依照本法给予治安管理处罚。	**第三条** 扰乱公共秩序，妨害公共安全，侵犯人身权利、财产权利，妨害社会管理，具有社会危害性，依照《中华人民共和国刑法》的规定构成犯罪的，依法追究刑事责任；尚不够刑事处罚的，由公安机关依照本法给予治安管理处罚。	本条是对违反治安管理行为的性质和特征的规定。 各种扰乱公共秩序，妨害公共安全，侵犯人身权利、财产权利，妨害社会管理，具有社会危害性，尚不够刑事处罚的行为，即违反治安管理行为。 违反治安管理行为与犯罪行为既有一定联系，又有本质区别，具有以下三个特点：（1）具备一定社会危害性；（2）具有行政违法性；（3）该行为尚不构成刑事处罚，这是违反治安管理行为与犯罪相区别的根本特征。 **关联法规** 《刑法》第13条；《公安机关执行〈中华人民共和国治

续表

2012年《中华人民共和国治安管理处罚法》	2025年《中华人民共和国治安管理处罚法》	重点解读
		安管理处罚法〉有关问题的解释（二）》第3条
第三条 治安管理处罚的程序，适用本法的规定；本法没有规定的，适用《中华人民共和国行政处罚法》的有关规定。	**第四条** 治安管理处罚的程序，适用本法的规定；本法没有规定的，适用《中华人民共和国行政处罚法》、**《中华人民共和国行政强制法》**的有关规定。	本条是对治安管理处罚应适用程序的规定。 治安管理处罚在性质上属于行政处罚的一种，本法没有专门规定的程序，依照《行政处罚法》《行政强制法》的有关程序规定。《行政处罚法》是行政处罚（包括治安管理处罚）实施的一般规定，属于该领域的基本法，本法与《行政处罚法》是特别法与一般法的关系。本法没有规定的，适用《行政处罚法》《行政强制法》有关规定。《行政强制法》是规范行政强制设定和实施的规定。法律之间存在不一致的地方，基于“特别法优于一般法”原则，应当优先适用本法。 **关联法规** 《公安机关办理行政案件程序规定》
第四条 在中华人民共和国领域内发生的违反治安管理行为，除法律有特别规定的外，适用本法。	**第五条** 在中华人民共和国领域内发生的违反治安管理行为，除法律有特别规定的外，适用本法。	本条是关于本法适用范围的规定。 本条第1款规定了本法适用的空间效力范围。在空

续表

2012 年《中华人民共和国治安管理处罚法》	2025 年《中华人民共和国治安管理处罚法》	重点解读
在中华人民共和国船舶和航空器内发生的违反治安管理行为，除法律有特别规定的外，适用本法。	在中华人民共和国船舶和航空器内发生的违反治安管理行为，除法律有特别规定的外，适用本法。 **在外国船舶和航空器内发生的违反治安管理行为，依照中华人民共和国缔结或者参加的国际条约，中华人民共和国行使管辖权的，适用本法。**	间效力上，除法律有特别规定的外，本法适用于我国行使国家主权的整个地域内。这里的“法律有特别规定的”，主要存在两种情形：一种指《外交特权与豁免条例》《领事特权与豁免条例》的特别规定，即享有外交特权和豁免权、领事特权和豁免权的人；另一种是我国香港、澳门特别行政区基本法中的例外规定。对此类人员违反本法的并非不需要追究法律责任，而是根据其他规定解决。 本条第 2 款规定，在我国船舶和航空器内发生的违反治安管理行为，除法律有特别规定的，适用本法的规定。 本条第 3 款为新增的内容，规定在外国船舶和航空器内发生的违反治安管理行为，依照我国缔结或者参加的国际条约有权行使管辖权的，适用本法相关规定。本款在某种程度借鉴了刑法中的普通管辖原则，对于加强国际间的合作，共同开展打击违反治安管理行为，有着积极意义。

续表

2012 年《中华人民共和国治安管理处罚法》	2025 年《中华人民共和国治安管理处罚法》	重点解读
		关联法规 《行政处罚法》第 22 条；《外交特权与豁免条例》；《领事特权与豁免条例》；《公安机关办理行政案件程序规定》第 238~257 条
第五条 治安管理处罚必须以事实为依据，与违反治安管理行为的性质、情节以及社会危害程度相当。 实施治安管理处罚，应当公开、公正，尊重和保障人权，保护公民的人格尊严。 办理治安案件应当坚持教育与处罚相结合的原则。	**第六条** 治安管理处罚必须以事实为依据，与违反治安管理的**事实**、性质、情节以及社会危害程度相当。 实施治安管理处罚，应当公开、公正，尊重和保障人权，保护公民的人格尊严。 办理治安案件应当坚持教育与处罚相结合的原则，**充分释法说理，教育公民、法人或者其他组织自觉守法。**	本条是关于治安管理处罚基本原则的规定。 本条第 3 款新增关于充分释法说理的规定，要求公安机关在办理案件时重视说理，此为行政执法规范化建设的重点要求，是化解行政争议的重要途径。治安管理处罚决定文书释法说理，应立场正确、内容合法、程序正当，符合行政处罚的精神与要求；围绕证据判断、事实认定、法律适用进行说理，反映推理过程，做到层次分明；针对当事人主张和争议焦点、结合查明事实进行说理，做到有的放矢；根据案件社会影响、侦查程序、办案阶段等不同情况进行繁简适度的说理，简案略说、繁案精说，力求恰到好处。

续表

2012年《中华人民共和国治安管理处罚法》	2025年《中华人民共和国治安管理处罚法》	重点解读
		关联法规 《行政处罚法》第5、6条；《公安机关办理行政案件程序规定》第3~5条
第七条　国务院公安部门负责全国的治安管理工作。县级以上地方各级人民政府公安机关负责本行政区域内的治安管理工作。 治安案件的管辖由国务院公安部门规定。	第七条　国务院公安部门负责全国的治安管理工作。县级以上地方各级人民政府公安机关负责本行政区域内的治安管理工作。 治安案件的管辖由国务院公安部门规定。	本条是关于治安管理工作的主管部门和案件管辖的规定。 本条第1款规定了治安管理工作的主管部门。中央层面，国务院公安部门负责全国的治安管理工作，其中公安部治安管理局专门负责指导全国公安机关治安管理工作。地方层面，县级以上地方各级人民政府公安机关负责本行政区域内的治安管理工作。 本条第2款明确了治安案件的管辖是确定治安案件管辖权限的法律制度，这是明确公安机关分工的法律制度，是公安机关办理治安案件的权限进行划分，明确公安机关之间的分工的重要措施，是解决公安机关在行政职权范围内各司其职、各尽其责的主要依据。 **关联法规** 《行政处罚法》第22~24条；《公安机关办理行政案件程序规定》第10~16条

续表

2012 年《中华人民共和国治安管理处罚法》	2025 年《中华人民共和国治安管理处罚法》	重点解读
第八条　违反治安管理的行为对他人造成损害的，行为人或者其监护人应当依法承担民事责任。	第八条　违反治安管理行为对他人造成损害的，**除依照本法给予治安管理处罚外**，行为人或者其监护人**还**应当依法承担民事责任。 **违反治安管理行为构成犯罪，应当依法追究刑事责任的，不得以治安管理处罚代替刑事处罚。**	本条是关于违反治安管理的行为人应当承担的法律责任的规定。其中，行政法律责任应由违法行为人自己承担，此为责任自负法律原则的体现。 本条第 1 款规定，除治安管理处罚外，特定情况下需要由违法行为人的监护人依法承担民事责任，根据《民法典》的规定，包括两种情况：一是违反治安管理行为人是未成年人；二是违反治安管理行为人是无民事行为能力人、限制民事行为能力人。 本条第 2 款为新增内容，规定违反治安管理的行为构成犯罪应当接受刑事处罚。治安管理处罚与刑事处罚的性质不同，不得以治安管理处罚代替刑事处罚。 **关联法规** 《民法典》第 176~187 条；《刑法》第 13~21 条；《最高人民法院关于审理人身损害赔偿案件适用法律若干问题的解释》

续表

2012年《中华人民共和国治安管理处罚法》	2025年《中华人民共和国治安管理处罚法》	重点解读
第九条　对于因民间纠纷引起的打架斗殴或者损毁他人财物等违反治安管理行为，情节较轻的，公安机关可以调解处理。经公安机关调解，当事人达成协议的，不予处罚。经调解未达成协议或者达成协议后不履行的，公安机关应当依照本法的规定对违反治安管理行为**人给予处罚**，并告知当事人可以就民事争议依法向人民法院提起民事诉讼。	第九条　对于因民间纠纷引起的打架斗殴或者损毁他人财物等违反治安管理行为，情节较轻的，公安机关可以调解处理。 **调解处理治安案件，应当查明事实，并遵循合法、公正、自愿、及时的原则，注重教育和疏导，促进化解矛盾纠纷。** 经公安机关调解，当事人达成协议的，不予处罚。经调解未达成协议或者达成协议后不履行的，公安机关应当依照本法的规定对违反治安管理行为**作出处理**，并告知当事人可以就民事争议依法向人民法院提起民事诉讼。 **对属于第一款规定的调解范围的治安案件，公安机关作出处理决定前，当事人自行和解或者经人民调解委员会调解达成协议并履行，书面申请经公安机关认可的，不予处罚。**	本条是关于公安机关运用调解方式处理违反治安管理行为造成损害的规定。 本条第1款规定了哪些治安管理行为可以进行调节。公安机关对因民间纠纷引起的治安案件的调解，属于行政调解，可以将这种调解称为“治安调解”。并非所有治安案件都适宜调解，其中的打架斗殴或者损毁他人财物纠纷，是群众在根本利益一致基础上产生的局部、个别的权益纠纷，情节比较简单、争议数额不大，适合通过调解方式化解。 本条第2款为新增条款，明确了办理治安案件的原则。 本条第4款也为本次修订新增内容，该款规定因民间纠纷引起的打架斗殴或者损毁他人财物等违反治安管理行为，只要当事人之间事先自行和解的或经人民调解委员会调解达成协议并履行，公安机关不再处罚。

续表

2012 年《中华人民共和国治安管理处罚法》	2025 年《中华人民共和国治安管理处罚法》	重点解读
		关联法规 《人民调解法》第 2 条；《行政诉讼法》第 60 条；《公安机关办理行政案件程序规定》第 178~186 条；《公安机关执行〈中华人民共和国治安管理处罚法〉有关问题的解释》第 1 条；《公安机关治安调解工作规范》第 9 条
第二章　处罚的种类和适用	第二章　处罚的种类和适用	
第十条　治安管理处罚的种类分为： （一）警告； （二）罚款； （三）行政拘留； （四）吊销公安机关发放的许可证。 对违反治安管理的外国人，可以附加适用限期出境或者驱逐出境。	第十条　治安管理处罚的种类分为： （一）警告； （二）罚款； （三）行政拘留； （四）吊销公安机关发放的许可证**件**。 对违反治安管理的外国人，可以附加适用限期出境或者驱逐出境。	本条是关于处罚种类的规定。 本条第 1 款是对违反治安管理行为人普遍适用的处罚种类的规定；第 2 款是对违反治安管理的外国人附加适用的治安管理处罚的规定。 **关联法规** 《行政处罚法》第 9~12 条；《反间谍法》第 66 条；《境外非政府组织境内活动管理法》第 50 条；《出境入境管理法》第 62 条
第十一条　办理治安案件所查获的毒品、淫秽物品等违禁品，赌具、赌资，吸食、注射毒品的用	第十一条　办理治安案件所查获的毒品、淫秽物品等违禁品，赌具、赌资，吸食、注射毒品的用	本条是关于公安机关查获违禁品、工具和违法所得财物的处理的规定。 本条第 1 款是对于办理

续表

2012 年《中华人民共和国治安管理处罚法》	2025 年《中华人民共和国治安管理处罚法》	重点解读
具以及直接用于实施违反治安管理行为的本人所有的工具，应当收缴，按照规定处理。 违反治安管理所得的财物，追缴退还被侵害人；没有被侵害人的，登记造册，公开拍卖或者按照国家有关规定处理，所得款项上缴国库。	具以及直接用于实施违反治安管理行为的本人所有的工具，应当收缴，按照规定处理。 违反治安管理所得的财物，追缴退还被侵害人；没有被侵害人的，登记造册，公开拍卖或者按照国家有关规定处理，所得款项上缴国库。	治安案件所查获违禁品和工具的收缴的规定。公安机关办理治安案件"所查获的毒品、淫秽物品等违禁品，赌具、赌资，吸食、注射毒品的用具以及直接用于实施违反治安管理行为的本人所有的工具"，也可以统称为"非法财物"。 本条第 2 款是关于如何处理违反治安管理的违法所得财物的规定。违法所得，是指违反治安管理行为人因实施违法行为所取得的款项，包括赃款、赃物和非法利益等。当非法所得表现为一定的物品时，非法所得还可能包括该物所可能发生的孳息，以及利用该物进行经营所获得的物质利益。 **关联法规** 《拍卖法》第 9 条；《公安机关办理行政案件程序规定》第 187～197 条；《公安机关涉案财物管理若干规定》；《公安机关缴获毒品管理规定》
第十二条　已满十四周岁不满十八周岁的人违反治安管理的，从轻或者	第十二条　已满十四周岁不满十八周岁的人违反治安管理的，从轻或者	本条是关于如何对未成年违反治安管理进行处罚的规定。

续表

2012年《中华人民共和国治安管理处罚法》	2025年《中华人民共和国治安管理处罚法》	重点解读
减轻处罚；不满十四周岁的人违反治安管理的，不予处罚，但是应当责令其监护人严加管教。	减轻处罚；不满十四周岁的人违反治安管理的，不予处罚，但是应当责令其监护人严加管教。	针对未成年人违反治安管理处罚法的情形分为两方面：已满14周岁不满18周岁的未成年人需要承担不完全治安责任；不满14周岁的未成年人实施违反治安管理行为的，不给予治安管理处罚。 **关联法规** 《行政处罚法》第30条；《公安机关办理行政案件程序规定》第157条
第十三条　精神病人在不能辨认或者不能控制自己行为的时候违反治安管理的，不予处罚，但是应当责令其监护人**严加看管**和治疗。间歇性的精神病人在精神正常的时候违反治安管理的，应当给予处罚。	第十三条　精神病人、**智力残疾人**在不能辨认或者不能控制自己行为的时候违反治安管理的，不予处罚，但是应当责令其监护人**加强看护管理**和治疗。间歇性的精神病人在精神正常的时候违反治安管理的，应当给予处罚。**尚未完全丧失辨认或者控制自己行为能力的精神病人、智力残疾人违反治安管理的，应当给予处罚，但是可以从轻或者减轻处罚。**	本条是对精神病人、智力残疾人违法处罚的规定。 本条规定新增了对尚未完全丧失辨认或者控制自己行为能力的精神病人、智力残疾人违反治安管理的处罚规定，体现了法律在追究责任的同时兼顾人道主义，确保处罚的合理性与适当性。 **关联法规** 《行政处罚法》第31条；《刑法》第18条；《民法典》第28条；《公安机关办理行政案件程序规定》第158条

续表

2012 年《中华人民共和国治安管理处罚法》	2025 年《中华人民共和国治安管理处罚法》	重点解读
第十四条　盲人或者又聋又哑的人违反治安管理的，可以从轻、减轻或者不予处罚。	第十四条　盲人或者又聋又哑的人违反治安管理的，可以从轻、减轻或者不予处罚。	本条是关于对盲人或聋哑人违法的处罚的规定。 治安管理处罚案件中盲人或者又聋又哑的人违反治安管理的，公安机关“可以”从轻、减轻或者不予处罚，而不是“应当”。 **关联法规** 《行政处罚法》第 32 条；《刑法》第 19 条
第十五条　醉酒的人违反治安管理的，应当给予处罚。 醉酒的人在醉酒状态中，对本人有危险或者对他人的人身、财产或者公共安全有威胁的，应当对其采取保护性措施约束至酒醒。	第十五条　醉酒的人违反治安管理的，应当给予处罚。 醉酒的人在醉酒状态中，对本人有危险或者对他人的人身、财产或者公共安全有威胁的，应当对其采取保护性措施约束至酒醒。	本条是关于醉酒的人违反治安管理，如何处罚以及采取保护性约束措施的规定。 保护性措施，是法律赋予公安机关及其人民警察的一种紧急处置权。在《道路交通安全法》中，对醉酒后驾驶机动车的，也规定要由公安机关交通管理部门将其约束至酒醒。 **关联法规** 《公安机关办理行政案件程序规定》第 58 条

续表

2012 年《中华人民共和国治安管理处罚法》	2025 年《中华人民共和国治安管理处罚法》	重点解读
第十六条　有两种以上违反治安管理行为的，分别决定，合并执行。行政拘留处罚合并执行的，最长不超过二十日。	第十六条　有两种以上违反治安管理行为的，分别决定，合并执行**处罚**。行政拘留处罚合并执行的，最长不超过二十日。	本条是关于对多种违反治安管理行为的处罚的规定。 对有两种以上违反治安管理行为的，实行“分别决定、合并执行”的原则。“合并执行”与《刑法》的“数罪并罚”应属同一原则在行政法与刑法中不同表述。 **关联法规** 《行政处罚法》第 29 条；《刑法》第 69 条；《公安机关办理行政案件程序规定》第 161 条
第十七条　共同违反治安管理的，根据~~违反治安管理~~行为人在违反治安管理行为中所起的作用，分别处罚。 教唆、胁迫、诱骗他人违反治安管理的，按照其教唆、胁迫、诱骗的行为处罚。	第十七条　共同违反治安管理的，根据行为人在违反治安管理行为中所起的作用，分别处罚。 教唆、胁迫、诱骗他人违反治安管理的，按照其教唆、胁迫、诱骗的行为处罚。	本条是关于共同违反治安管理行为的处罚的规定。 本条第 1 款规定，对于共同违反治安管理的行为人，结合其在违反治安管理行为中所起的作用，分别处罚。具体看违法行为人的组织、指挥、参与作用，分别确定主要、次要或者辅助作用等。考虑每个人的不同作用并区别对待，体现过罚相当原则。 本条第 2 款是关于教唆、胁迫、诱骗他人违反治安管理如何处罚的规定。教唆、胁迫、诱骗三种行为只

续表

2012年《中华人民共和国治安管理处罚法》	2025年《中华人民共和国治安管理处罚法》	重点解读
		要存在一种即可处罚，三种行为必须是故意实施，如果是过失引起的则不属于此类行为。 **关联法规** 《刑法》第29条；《公安机关办理行政案件程序规定》第160条
第十八条　单位违反治安管理的，对其直接负责的主管人员和其他直接责任人员依照本法的规定处罚。其他法律、行政法规对同一行为规定给予单位处罚的，依照其规定处罚。	第十八条　单位违反治安管理的，对其直接负责的主管人员和其他直接责任人员依照本法的规定处罚。其他法律、行政法规对同一行为规定给予单位处罚的，依照其规定处罚。	本条是关于单位违反治安管理行为的处罚的规定。 单位违反治安管理，是指机关、团体、公司、企业、事业单位实施了依法应当给予治安管理处罚的危害社会的行为。本条没有明确规定“单位”的范围。《刑法》规定的“单位”，包括公司、企业、事业单位、机关、团体。根据《公安机关执行〈中华人民共和国治安管理处罚法〉有关问题的解释》第4条的规定，这里的“单位”应与“刑法”规定的“单位”范围一致。 **关联法规** 《刑法》第30条；《公安机关执行〈中华人民共和国治安管理处罚法〉有关问题的解释》第4条

续表

2012年《中华人民共和国治安管理处罚法》	2025年《中华人民共和国治安管理处罚法》	重点解读
	第十九条　为了免受正在进行的不法侵害而采取的制止行为，造成损害的，不属于违反治安管理行为，不受处罚；制止行为明显超过必要限度，造成较大损害的，依法给予处罚，但是应当减轻处罚；情节较轻的，不予处罚。	本条是关于制止不法侵害行为及限度的规定。 本条是新加内容，本次修订明确公民对不法侵害行为有权采取制止、防卫性措施，实现了与刑法上的正当防卫理论相衔接，从法律层面确定正当防卫理论在治安管理处罚领域的运用。 **关联法规** 《刑法》第20条；《突发事件应对法》第102条
第十九条　违反治安管理有下列情形之一的，减轻~~处罚~~或者不予处罚： （一）情节~~特别~~轻微的； （二）主动消除或者减轻违法后果~~，并~~取得被侵害人谅解的； （三）出于他人胁迫或者诱骗的； （四）主动投案，向公安机关如实陈述自己的违法行为的； （五）有立功表现的。	**第二十条**　违反治安管理有下列情形之一的，**从轻、**减轻或者不予处罚： （一）情节轻微的； （二）主动消除或者减轻违法后果的； **（三）取得被侵害人谅解的；** （四）出于他人胁迫或者诱骗的； （五）主动投案，向公安机关如实陈述自己的违法行为的； （六）有立功表现的。	本条是关于违法治安管理应对减轻、从轻或者不予处罚的情形的规定。 “从轻处罚”是本条新增的表述，是指在治安管理处罚的法定种类和法定幅度内适用较轻的种类或选择法定幅度中较低的部分予以处罚。本条对六种情形规定为法定的减轻、从轻或者不予处罚，此为践行教育与处罚相结合原则的体现。

续表

2012 年《中华人民共和国治安管理处罚法》	2025 年《中华人民共和国治安管理处罚法》	重点解读
	第二十一条　违反治安管理行为人自愿向公安机关如实陈述自己的违法行为，承认违法事实，愿意接受处罚的，可以依法从宽处理。	本条是关于违反治安管理行为人从宽处理的规定。 此条是本法修订新增的内容，构建了认错认罚从宽制度。构建认错认罚从宽制度，是坚持过罚相当原则、教育与处罚相结合原则的体现。 **关联法规** 《行政处罚法》第 5 条；《刑事诉讼法》第 15 条；《公安机关办理刑事案件程序规定》第 203 条；《关于适用认罪认罚从宽制度的指导意见》
第二十条　违反治安管理有下列情形之一的，从重处罚： （一）有较严重后果的； （二）教唆、胁迫、诱骗他人违反治安管理的； （三）对报案人、控告人、举报人、证人打击报复的； （四）**六个月**内曾受过治安管理处罚的。	**第二十二条**　违反治安管理有下列情形之一的，从重处罚： （一）有较严重后果的； （二）教唆、胁迫、诱骗他人违反治安管理的； （三）对报案人、控告人、举报人、证人打击报复的； （四）**一年以**内曾受过治安管理处罚的。	本条是关于违反治安管理从重处罚的规定。 从重处罚，是指公安机关在法律、法规和规章规定的处罚方式和处罚幅度内，对违反治安管理行为人在几种可能的处罚方式内选择适用较重的处罚方式，或者在同一种处罚方式允许的幅度内选择幅度较高限进行处罚。 原《治安管理处罚法》规定的是对 6 个月内曾受过治安管理处罚的给予加重处罚，本次修订将 6 个月改为 1 年。

续表

2012 年《中华人民共和国治安管理处罚法》	2025 年《中华人民共和国治安管理处罚法》	重点解读
		关联法规 《刑法》第 29 条；《公安机关办理行政案件程序规定》第 160 条
第二十一条 违反治安管理行为人有下列情形之一，依照本法应当给予行政拘留处罚的，不执行行政拘留处罚： （一）已满十四周岁不满十六周岁的； （二）已满十六周岁不满十八周岁，初次违反治安管理的； （三）七十周岁以上的； （四）怀孕或者哺乳自己不满一周岁婴儿的。	**第二十三条** 违反治安管理行为人有下列情形之一，依照本法应当给予行政拘留处罚的，不执行行政拘留处罚： （一）已满十四周岁不满十六周岁的； （二）已满十六周岁不满十八周岁，初次违反治安管理的； （三）七十周岁以上的； （四）怀孕或者哺乳自己不满一周岁婴儿的。 **前款第一项、第二项、第三项规定的行为人违反治安管理情节严重、影响恶劣的，或者第一项、第三项规定的行为人在一年以内二次以上违反治安管理的，不受前款规定的限制。**	本条规定了不执行行政拘留的人员。 本条第 1 款规定了不执行行政拘留的人员的范围。本款基于人道主义考虑，为体现对弱势群体的保护，不执行行政拘留的人员包括四种群体。 本条第 2 款为本次修订新增但书条款，对于“一少一老”两类群体 1 年内 2 次以上违反治安管理的，可以执行行政拘留处罚，此规定加大了对违法行为的打击力度。 **关联法规** 《行政处罚法》第 33 条；《公安机关办理行政案件程序规定》第 164 条
	第二十四条 对依照本法第十二条规定不予处罚或者依照本法第二十三	本条为本次修订新增内容，规定了对存在不予处罚或者不执行行政拘留处罚的

续表

2012 年《中华人民共和国治安管理处罚法》	2025 年《中华人民共和国治安管理处罚法》	重点解读
	条规定不执行行政拘留处罚的未成年人，公安机关依照《中华人民共和国预防未成年人犯罪法》的规定采取相应矫治教育等措施。	情形的未成年人采取相应矫治教育等措施。 常见的矫治教育措施有训诫和责令具结悔过，这两种措施都是责成、命令当事人对自己的过错进行反省，回忆检查自身思想和行为上所犯错误，进一步反思错误原因，保证今后不再犯错的矫治教育措施。 **关联法规** 《刑法》第 37 条；《预防未成年人犯罪法》第 41 条
第二十二条　违反治安管理行为在六个月内没有被公安机关发现的，不再处罚。 前款规定的期限，从违反治安管理行为发生之日起计算；违反治安管理行为有连续或者继续状态的，从行为终了之日起计算。	**第二十五条**　违反治安管理行为在六个月**以**内没有被公安机关发现的，不再处罚。 前款规定的期限，从违反治安管理行为发生之日起计算；违反治安管理行为有连续或者继续状态的，从行为终了之日起计算。	本条为对违反治安管理行为追责时效及计算标准的规定。 本条第 1 款明确规定了违反治安管理行为的追究时效。所谓“被公安机关发现”，不能仅理解为公安机关直接发现，还包括间接发现，如受害人向公安机关报告，单位或群众举报等。 本条第 2 款规定了追究时效的计算方法。值得注意的是，对有连续状态的违反治安管理行为，以最后一个违反治安管理行为终了之日起计算追究时效。

续表

2012年《中华人民共和国治安管理处罚法》	2025年《中华人民共和国治安管理处罚法》	重点解读
		关联法规 《行政处罚法》第36条；《公安机关办理行政案件程序规定》第154条
第三章　违反治安管理的行为和处罚	第三章　违反治安管理的行为和处罚	
第一节　扰乱公共秩序的行为和处罚	第一节　扰乱公共秩序的行为和处罚	
第二十三条　有下列行为之一的，处警告或者**二百元**以下罚款；情节较重的，处五日以上十日以下拘留，可以并处**五百元**以下罚款： （一）扰乱机关、团体、企业、事业单位秩序，致使工作、生产、营业、医疗、教学、科研不能正常进行，尚未造成严重损失的； （二）扰乱车站、港口、码头、机场、商场、公园、展览馆或者其他公共场所秩序的； （三）扰乱公共汽车、电车、火车、船舶、航空器或者其他公共交通工具上的秩序的；	**第二十六条**　有下列行为之一的，处警告或者**五百元**以下罚款；情节较重的，处五日以上十日以下拘留，可以并处**一千元**以下罚款： （一）扰乱机关、团体、企业、事业单位秩序，致使工作、生产、营业、医疗、教学、科研不能正常进行，尚未造成严重损失的； （二）扰乱车站、港口、码头、机场、商场、公园、展览馆或者其他公共场所秩序的； （三）扰乱公共汽车、电车、**城市轨道交通车辆**、火车、船舶、航空器或者其他公共交通工具	本条为对扰乱单位、公共场所、公共交通和选举秩序行为的处罚的规定。 本次修订加大了处罚力度，将情节较轻的处罚幅度从“警告或者二百元以下罚款”改为“警告或者五百元以下罚款”，将情节较轻的处罚幅度从“可以并处五百元以下罚款”改为“可以并处一千元以下罚款”。 本条第2款规定，聚众实施第1款五种行为的，对首要分子处10日以上15日以下拘留，可以并处2000元以下罚款。所谓首要分子，是指在聚众实施前款行为中起组织、策划作用的主要人员。

续表

2012 年《中华人民共和国治安管理处罚法》	2025 年《中华人民共和国治安管理处罚法》	重点解读
（四）非法拦截或者强登、扒乘机动车、船舶、航空器以及其他交通工具，影响交通工具正常行驶的； （五）破坏依法进行的选举秩序的。 聚众实施前款行为的，对首要分子处十日以上十五日以下拘留，可以并处一千元以下罚款。	上的秩序的； （四）非法拦截或者强登、扒乘机动车、船舶、航空器以及其他交通工具，影响交通工具正常行驶的； （五）破坏依法进行的选举秩序的。 聚众实施前款行为的，对首要分子处十日以上十五日以下拘留，可以并处二千元以下罚款。	关联法规 《刑法》第 290 条；《铁路法》第 63 条；《道路交通安全法》第 99 条
	第二十七条 在法律、行政法规规定的国家考试中，有下列行为之一，扰乱考试秩序的，处违法所得一倍以上五倍以下罚款，没有违法所得或者违法所得不足一千元的，处一千元以上三千元以下罚款；情节较重的，处五日以上十五日以下拘留： （一）组织作弊的； （二）为他人组织作弊提供作弊器材或者其他帮助的； （三）为实施考试作弊行为，向他人非法出售、提供考试试题、答案的；	本条是本次修订新增的内容，规定了对扰乱考试秩序行为的处罚。 新增本条规定，既是为了规制现实中比较严峻的考试作弊行为，也旨在与《刑法》中组织考试作弊罪，非法出售、提供试题、答案罪，代替考试罪相衔接，发挥治安管理处罚的威慑、处罚与教育功能。 关联法规 《刑法》第 284 条；《教育法》第 80 条；《国家统一法律职业资格考试违纪行为处理办法》第 8 条

续表

2012年《中华人民共和国治安管理处罚法》	2025年《中华人民共和国治安管理处罚法》	重点解读
	（四）代替他人或者让他人代替自己参加考试的。	
第二十四条 有下列行为之一，扰乱**文化**、**体育**等大型群众性活动秩序的，处警告或者**二百元**以下罚款；情节严重的，处五日以上十日以下拘留，可以并处**五百元**以下罚款： （一）强行进入场内的； （二）违反规定，在场内燃放烟花爆竹或者其他物品的； （三）展示侮辱性标语、条幅等物品的； （四）围攻裁判员、运动员或者其他工作人员的； （五）向场内投掷杂物，不听制止的； （六）扰乱大型群众性活动秩序的其他行为。 因扰乱体育比赛秩序被处以拘留处罚的，可以同时责令其**十二个月内**不得进入体育场馆观看同类比赛；违反规定进入体育场馆的，强行带离现场。	**第二十八条** 有下列行为之一，扰乱**体育**、**文化**等大型群众性活动秩序的，处警告或者**五百元**以下罚款；情节严重的，处五日以上十日以下拘留，可以并处**一千元**以下罚款： （一）强行进入场内的； （二）违反规定，在场内燃放烟花爆竹或者其他物品的； （三）展示侮辱性标语、条幅等物品的； （四）围攻裁判员、运动员或者其他工作人员的； （五）向场内投掷杂物，不听制止的； （六）扰乱大型群众性活动秩序的其他行为。 因扰乱体育比赛、**文艺演出活动**秩序被处以拘留处罚的，可以同时责令其**六个月至一年以内**不得进入体育场馆、**演出场馆**观看同类比赛、**演出**；违	本条是关于对扰乱体育、文化等大型群众性活动秩序行为的处罚的规定。 本条修改时作了更严处理，规定因扰乱体育比赛、文艺演出秩序秩序被处以拘留处罚的，公安机关可以同时责令其6个月至1年内不得进入体育场馆、演出场馆观看同类比赛，同时新增规定，违反规定进入体育场馆、演出场馆的，强行带离现场，可以处5日以下拘留或者1000元以下罚款。

续表

2012 年《中华人民共和国治安管理处罚法》	2025 年《中华人民共和国治安管理处罚法》	重点解读
	反规定进入体育场馆、**演出场馆**的，强行带离现场，**可以处五日以下拘留或者一千元以下罚款**。	
第二十五条 有下列行为之一的，处五日以上十日以下拘留，可以并处**五百元**以下罚款；情节较轻的，处五日以下拘留或者**五百元**以下罚款： （一）散布谣言，谎报险情、疫情、警情或者以其他方法故意扰乱公共秩序的； （二）投放虚假的爆炸性、毒害性、放射性、腐蚀性物质或者传染病病原体等危险物质扰乱公共秩序的； （三）扬言实施放火、爆炸、投放危险物质扰乱公共秩序的。	**第二十九条** 有下列行为之一的，处五日以上十日以下拘留，可以并处**一千元**以下罚款；情节较轻的，处五日以下拘留或者**一千元**以下罚款： （一）**故意**散布谣言，谎报险情、疫情、**灾情**、警情或者以其他方法故意扰乱公共秩序的； （二）投放虚假的爆炸性、毒害性、放射性、腐蚀性物质或者传染病病原体等危险物质扰乱公共秩序的； （三）扬言实施放火、爆炸、投放危险物质**等危害公共安全犯罪行为**扰乱公共秩序的。	本条是关于故意散布谣言，谎报险情、疫情、警情，投放虚假危险物质和扬言实施危险行为等形式扰乱社会秩序行为的处罚的规定，与旧法相比，本条从严规定了处罚的力度，罚款数额从 500 元以下调整为 1000 元以下。 **关联法规** 《刑法》第 291 条；《互联网上网服务营业场所管理条例》第 14 条；《重大动物疫情应急条例》第 48 条
第二十六条 有下列行为之一的，处五日以上十日以下拘留，**可以并处五百元**以下罚款；情节较重的，处十日以上十五日以下拘留，可以并处**一千元**以下罚款：	**第三十条** 有下列行为之一的，处五日以上十日以下拘留**或者一千元**以下罚款；情节较重的，处十日以上十五日以下拘留，可以并处**二千元**以下罚款：	本条规定了对寻衅滋事行为的处罚。 寻衅滋事多发生在公共场合，常常给公民的人身、人格或公私财产造成损害，但需要注意的是，寻衅滋行为侵犯的不是特定的人身、

续表

2012 年《中华人民共和国治安管理处罚法》	2025 年《中华人民共和国治安管理处罚法》	重点解读
（一）结伙斗殴的； （二）追逐、拦截他人的； （三）强拿硬要或者任意损毁、占用公私财物的； （四）其他寻衅滋事行为。	（一）结伙斗殴**或者随意殴打他人**的； （二）追逐、拦截他人的； （三）强拿硬要或者任意损毁、占用公私财物的； （四）其他**无故侵扰他人、扰乱社会秩序的**寻衅滋事行为。	人格或公私财产，而主要是无故侵扰他人、扰乱社会秩序。 **关联法规** 《刑法》第 293 条；《教育法》第 72 条；《预防未成年人犯罪法》第 38 条；《公安机关办理行政案件程序规定》第 179 条
第二十七条　有下列行为之一的，处十日以上十五日以下拘留，可以并处**一千元**以下罚款；情节较轻的，处五日以上十日以下拘留，可以并处**五百元**以下罚款： （一）组织、教唆、胁迫、诱骗、煽动他人从事邪教、会道门活动或者利用邪教、会道门、迷信活动，扰乱社会秩序、损害他人身体健康的； （二）冒用宗教、气功名义进行扰乱社会秩序、损害他人身体健康活动的。	**第三十一条**　有下列行为之一的，处十日以上十五日以下拘留，可以并处**二千元**以下罚款；情节较轻的，处五日以上十日以下拘留，可以并处**一千元**以下罚款： （一）组织、教唆、胁迫、诱骗、煽动他人从事邪教**活动**、会道门活动、**非法的宗教活动**或者利用邪教**组织**、会道门、迷信活动，扰乱社会秩序、损害他人身体健康的； （二）冒用宗教、气功名义进行扰乱社会秩序、损害他人身体健康活动的； **（三）制作、传播宣扬邪教、会道门内容的物品、信息、资料的。**	本条是关于利用邪教、会道门、封建迷信进行非法活动的处罚的规定。 本条第 3 项“制作、传播宣扬邪教、会道门内容的物品、信息、资料的”是本法新增的内容，针对实践中存在的制作、传播宣扬邪教、会道门内容的物品、信息和资料，本法作出相应调整。 **关联法规** 《刑法》第 300 条；《违反公安行政管理行为的名称及其适用意见》第 44~46 条

续表

2012 年《中华人民共和国治安管理处罚法》	2025 年《中华人民共和国治安管理处罚法》	重点解读
第二十八条　违反国家规定，故意干扰无线电业务正常进行的，**或者**对正常运行的无线电台（站）产生有害干扰，经有关主管部门指出后，拒不采取有效措施消除的，处五日以上十日以下拘留；情节严重的，处十日以上十五日以下拘留。	**第三十二条**　违反国家规定，**有下列行为之一的**，处五日以上十日以下拘留；情节严重的，处十日以上十五日以下拘留： （一）故意干扰无线电业务正常进行的； （二）对正常运行的无线电台（站）产生有害干扰，经有关主管部门指出后，拒不采取有效措施消除的； **（三）未经批准设置无线电广播电台、通信基站等无线电台（站）的，或者非法使用、占用无线电频率，从事违法活动的。**	本条是关于对干扰无线电通讯秩序的处罚的规定。 与旧法相比，新法分三种情形增强了与《刑法》中扰乱无线电管理秩序罪的衔接。 本条中的国家规定，主要指《无线电管理条例》《无线电管制规定》等法律法规。 **关联法规** 《刑法》第 288 条；《无线电管理条例》第 6 条；《违反公安行政管理行为的名称及其适用意见》第 47~48 条
第二十九条　有下列行为之一的，处五日以下拘留；情节较重的，处五日以上**十日**以下拘留： （一）违反国家规定，侵入计算机信息系统，~~造成危害的；~~ （二）违反国家规定，对计算机信息系统功能进行删除、修改、增加、干扰，~~造成计算机信息系统不能正常运行的~~；	**第三十三条**　有下列行为之一，**造成危害**的，处五日以下拘留；情节较重的，处五日以上**十五日**以下拘留： （一）违反国家规定，侵入计算机信息系统**或者采用其他技术手段，获取计算机信息系统中存储、处理或者传输的数据，或者对计算机信息系统实施非法控制的；**	本条是对侵害计算机信息系统安全行为的处罚的规定。 本条第 5 项为本次修订新增内容，该项规定与《刑法》规定的提供侵入、非法控制计算机信息系统程序、工具罪相衔接。 **关联法规** 《刑法》第 285 条；《计算机信息系统安全保护条例》第 20~27 条；《电信条例》第 57 条

续表

2012 年《中华人民共和国治安管理处罚法》	2025 年《中华人民共和国治安管理处罚法》	重点解读
（三）违反国家规定，对计算机信息系统中存储、处理、传输的数据和应用程序进行删除、修改、增加的； （四）故意制作、传播计算机病毒等破坏性程序，~~影响计算机信息系统正常运行~~的。	（二）违反国家规定，对计算机信息系统功能进行删除、修改、增加、干扰的； （三）违反国家规定，对计算机信息系统中存储、处理、传输的数据和应用程序进行删除、修改、增加的； （四）故意制作、传播计算机病毒等破坏性程序的； **（五）提供专门用于侵入、非法控制计算机信息系统的程序、工具，或者明知他人实施侵入、非法控制计算机信息系统的违法犯罪行为而为其提供程序、工具的。**	
	第三十四条　组织、领导传销活动的，处十日以上十五日以下拘留；情节较轻的，处五日以上十日以下拘留。 **胁迫、诱骗他人参加传销活动的，处五日以上十日以下拘留；情节较重的，处十日以上十五日以下拘留。**	本条是本次修订新增的内容，是关于组织、领导传销活动的处罚的规定。 本条分为两项内容，一是对组织、领导传销活动的处罚规定；二是对胁迫、诱骗他人参加传销活动的处罚规定。本条旨在旨在规制传销活动，保护公民、法人和其他组织的合法权益，维护

续表

2012 年《中华人民共和国治安管理处罚法》	2025 年《中华人民共和国治安管理处罚法》	重点解读
		社会主义市场经济秩序，保持社会稳定。 **关联法规** 《刑法》第 224 条；《禁止传销条例》第 13 条；《传销管理办法》
	第三十五条　有下列行为之一的，处五日以上十日以下拘留或者一千元以上三千元以下罚款；情节较重的，处十日以上十五日以下拘留，可以并处五千元以下罚款： （一）在国家举行庆祝、纪念、缅怀、公祭等重要活动的场所及周边管控区域，故意从事与活动主题和氛围相违背的行为，不听劝阻，造成不良社会影响的； （二）在英雄烈士纪念设施保护范围内从事有损纪念英雄烈士环境和氛围的活动，不听劝阻的，或者侵占、破坏、污损英雄烈士纪念设施的； （三）以侮辱、诽谤或者其他方式侵害英雄烈士的姓名、肖像、名誉、	本条是对扰乱纪念活动秩序，亵渎英雄烈士，美化侵略，公共场所佩戴宣扬、美化侵略行为服饰等行为的处罚的规定。本条是本次修订新增的重点内容，核心目标是发挥治安管理处罚法保护英雄烈士和社会公德，弘扬中华民族精神。 本条明确了违法行为的场景、条件和事由，如“在国家举行庆祝、纪念、缅怀、公祭等重要活动的场所及周边管控区域”以及“在英雄烈士纪念设施保护范围内”，使得法律条文更具操作性和针对性。 **关联法规** 《刑法》第 299 条；《英雄烈士保护法》第 10 条；《爱国主义教育法》第 6 条

续表

2012 年《中华人民共和国治安管理处罚法》	2025 年《中华人民共和国治安管理处罚法》	重点解读
	荣誉，损害社会公共利益的； （四）亵渎、否定英雄烈士事迹和精神，或者制作、传播、散布宣扬、美化侵略战争、侵略行为的言论或者图片、音视频等物品，扰乱公共秩序的； （五）在公共场所或者强制他人在公共场所穿着、佩戴宣扬、美化侵略战争、侵略行为的服饰、标志，不听劝阻，造成不良社会影响的。	
第二节　妨害公共安全的行为和处罚	第二节　妨害公共安全的行为和处罚	
第三十条　违反国家规定，制造、买卖、储存、运输、邮寄、携带、使用、提供、处置爆炸性、毒害性、放射性、腐蚀性物质或者传染病病原体等危险物质的，处十日以上十五日以下拘留；情节较轻的，处五日以上十日以下拘留。	**第三十六条**　违反国家规定，制造、买卖、储存、运输、邮寄、携带、使用、提供、处置爆炸性、毒害性、放射性、腐蚀性物质或者传染病病原体等危险物质的，处十日以上十五日以下拘留；情节较轻的，处五日以上十日以下拘留。	本条是对违反危险物质管理规定行为的处罚的规定。 违反危险物质管理规定行为要受到处罚的前提条件是违反"国家规定"，具有社会危害性。"国家规定"，主要指与危险物质的制造、买卖、储存、运输、使用、进出口以及其他管理的有关法律、行政法规。如果该行为危及公共安全，即有危害不特定多数人生命、健康和重大公私财产的现实危险性，则构成犯罪。

续表

2012 年《中华人民共和国治安管理处罚法》	2025 年《中华人民共和国治安管理处罚法》	重点解读
		关联法规 《刑法》第 125、130 条；《传染病防治法》第 3 条；《反恐怖主义法》第 22 条
第三十一条 爆炸性、毒害性、放射性、腐蚀性物质或者传染病病原体等危险物质被盗、被抢或者丢失，未按规定报告的，处五日以下拘留；故意隐瞒不报的，处五日以上十日以下拘留。	**第三十七条** 爆炸性、毒害性、放射性、腐蚀性物质或者传染病病原体等危险物质被盗、被抢或者丢失，未按规定报告的，处五日以下拘留；故意隐瞒不报的，处五日以上十日以下拘留。	本条是对危险物质被盗、被抢、丢失不报行为的处罚的规定。 危险物质是指爆炸性、毒害性、放射性、腐蚀性物质和传染病病原体等物质。"故意隐瞒不报"，是指危险物质被盗、被抢或者丢失后，隐瞒实际情况，而不如实报告的行为。 **关联法规** 《刑法》第 129 条；《放射事故管理规定》第 21－28 条；《药品类易制毒化学品管理办法》第 43 条
第三十二条 非法携带枪支、弹药或者弩、匕首等国家规定的管制器具的，处五日以下拘留，可以并处**五百元**以下罚款；情节较轻的，处警告或者**二百元**以下罚款。 非法携带枪支、弹药或者弩、匕首等国家规定的管制器具进入公共场所	**第三十八条** 非法携带枪支、弹药或者弩、匕首等国家规定的管制器具的，处五日以下拘留，可以并处**一千元**以下罚款；情节较轻的，处警告或者**五百元**以下罚款。 非沃携带枪支、弹药或者弩、匕首等国家规定的管制器具进入公共场所	本条是关于对非法携带管制器具行为的处罚的规定。 非法携带管制器具行为客观上主要表现为非法携带枪支、弹药或者弩、匕首等国家规定的管制器具以及非法携带枪支、弹药或者弩、匕首等国家规定的管制器具进入公共场所、公共交通工具。

续表

2012年《中华人民共和国治安管理处罚法》	2025年《中华人民共和国治安管理处罚法》	重点解读
或者公共交通工具的，处五日以上十日以下拘留，可以并处**五百元**以下罚款。	或者公共交通工具的，处五日以上十日以下拘留，可以并处**一千元**以下罚款。	**关联法规** 《刑法》第130条；《枪支管理法》第44条；《娱乐场所管理条例》第22条；《公安部关于严厉打击违反爆炸物品枪支弹药管理违法犯罪活动的通告》
第三十三条 有下列行为之一的，处十日以上十五日以下拘留： （一）盗窃、损毁油气管道设施、电力电信设施、广播电视设施、水利~~防汛~~工程设施或者水文监测、测量、气象测报、环境监测、地质监测、地震监测等公共设施的； （二）移动、损毁国家边境的界碑、界桩以及其他边境标志、边境设施或者领土、领海标志设施的； （三）非法进行影响国（边）界线走向的活动或者修建有碍国（边）境管理的设施的。	**第三十九条** 有下列行为之一的，处十日以上十五日以下拘留；**情节较轻的，处五日以下拘留**： （一）盗窃、损毁油气管道设施、电力电信设施、广播电视设施、水利工程设施、**公共供水设施、公路及附属设施**或者水文监测、测量、气象测报、**生态**环境监测、地质监测、地震监测等公共设施，**危及公共安全**的； （二）移动、损毁国家边境的界碑、界桩以及其他边境标志、边境设施或者领土、领海**基点**标志设施的； （三）非法进行影响国（边）界线走向的活动或者修建有碍国（边）境管理的设施的。	本条是关于对盗窃、损毁公共设施行为的处罚的规定。 本条与《刑法》关于破坏边界管理和测量标志的犯罪、破坏电力设备罪等作了衔接，《刑法》规定了破坏电力设备罪，破坏易燃易爆设备罪，破坏界碑、界桩罪，对这些盗窃、损毁公共设施行为尚不构成犯罪的，本条作出了治安管理处罚规定。 **关联法规** 《刑法》第118、119、124、323条；《电力设施保护条例》第8条、9条

续表

2012 年《中华人民共和国治安管理处罚法》	2025 年《中华人民共和国治安管理处罚法》	重点解读
第三十四条　盗窃、损坏、擅自移动使用中的航空设施，或者强行进入航空器驾驶舱的，处十日以上十五日以下拘留。 在使用中的航空器上使用可能影响导航系统正常功能的器具、工具，不听劝阻的，处五日以下拘留或者**五百元**以下罚款。	**第四十条**　盗窃、损坏、擅自移动使用中的航空设施，或者强行进入航空器驾驶舱的，处十日以上十五日以下拘留。 在使用中的航空器上使用可能影响导航系统正常功能的器具、工具，不听劝阻的，处五日以下拘留或者**一千元**以下罚款。 **盗窃、损坏、擅自移动使用中的其他公共交通工具设施、设备，或者以抢控驾驶操纵装置、拉扯、殴打驾驶人员等方式，干扰公共交通工具正常行驶的，处五日以下拘留或者一千元以下罚款；情节较重的，处五日以上十日以下拘留。**	本条是关于对妨碍航空器飞行安全、妨碍公共交通安全的处罚的规定。 本条新增关于盗窃、损坏、擅自移动使用中的其他公共交通工具设施、设备的、以抢控驾驶操纵装置等妨碍公共交通工具驾驶行为的处罚。盗窃、损坏、擅自移动使用、强行闯入等行为对公共交通工具的正常运行危害特别大，容易干扰驾驶员对公共交通工具的操控，影响到安全驾驶，需要予以法律制裁。抢控驾驶操纵装置等行为是指非驾乘人员不听劝阻，进入公共交通工具干扰正常驾驶的行为。 **关联法规** 《刑法》第 116、117 条；《民用航空法》第 88、197 条
第三十五条　有下列行为之一的，处五日以上十日以下拘留，可以并处**五百元**以下罚款；情节较轻的，处五日以下拘留或者**五百元**以下罚款： （一）盗窃、损毁或者擅自移动铁路设施、设	**第四十一条**　有下列行为之一的，处五日以上十日以下拘留，可以并处**一千元**以下罚款；情节较轻的，处五日以下拘留或者**一千元**以下罚款： （一）盗窃、损毁、擅自移动铁路、**城市轨道交**	本条是对破坏铁路、城市轨道交通设施行为的处罚的规定。 本条规定的行为及其处罚分为四个方面。需要注意的是，本行为与破坏交通设施罪的区别在于使火车、汽车、航空器等发生倾覆、毁

续表

2012 年《中华人民共和国治安管理处罚法》	2025 年《中华人民共和国治安管理处罚法》	重点解读
备、机车车辆配件或者安全标志的； （二）在铁路线路上放置障碍物，或者故意向列车投掷物品的； （三）在铁路线路、桥梁、涵洞处挖掘坑穴、采石取沙的； （四）在铁路线路上私设道口或者平交过道的。	通设施、设备、机车车辆配件或者安全标志的； （二）在铁路、**城市轨道交通**线路上放置障碍物，或者故意向列车投掷物品的； （三）在铁路、**城市轨道交通**线路、桥梁、**隧道**、涵洞处挖掘坑穴、采石取沙的； （四）在铁路、**城市轨道交通**线路上私设道口或者平交过道的。	坏危险，如果没有，则适用本条作出治安管理处罚的决定。 **关联法规** 《刑法》第 116、117 条；《铁路法》第 46、47 条；《铁路安全管理条例》第 46 条
第三十六条 擅自进入铁路防护网或者火车来临时在铁路线路上行走坐卧、抢越铁路，影响行车安全的，处警告或者**二百元**以下罚款。	**第四十二条** 擅自进入铁路、**城市轨道交通**防护网或者火车、**城市轨道交通列车**来临时在铁路、**城市轨道交通**线路上行走坐卧，抢越铁路、**城市轨道**，影响行车安全的，处警告或者**五百元**以下罚款。	本条是关于对妨害火车、城市轨道交通安全的处罚的规定。 本条规定了三种妨害火车、城市轨道交通安全的行为：一是擅自进入铁路、城市轨道交通防护网；二是火车、城市轨道交通列车来临时在线路上行走坐卧；三是火车、城市轨道交通列车来临时抢越铁路、城市轨道，影响行车安全。 **关联法规** 《铁路法》第 51 条

续表

2012 年《中华人民共和国治安管理处罚法》	2025 年《中华人民共和国治安管理处罚法》	重点解读
第三十七条　有下列行为之一的，处五日以下拘留或者**五百元**以下罚款；情节严重的，处**五日**以上**十日**以下拘留，可以并处**五百元**以下罚款： （一）未经批准，安装、使用电网的，或者安装、使用电网不符合安全规定的； （二）在车辆、行人通行的地方施工，对沟井坎穴不设覆盖物、防围和警示标志的，或者故意损毁、移动覆盖物、防围和警示标志的； （三）盗窃、损毁路面井盖、照明等公共设施的。	**第四十三条**　有下列行为之一的，处五日以下拘留或者**一千元**以下罚款；情节严重的，处**十日**以上**十五日**以下拘留，可以并处**一千元**以下罚款： （一）未经批准，安装、使用电网的，或者安装、使用电网不符合安全规定的； （二）在车辆、行人通行的地方施工，对沟井坎穴不设覆盖物、防围和警示标志的，或者故意损毁、移动覆盖物、防围和警示标志的； （三）盗窃、损毁路面井盖、照明等公共设施的； **（四）违反有关法律法规规定，升放携带明火的升空物体，有发生火灾事故危险，不听劝阻的；** **（五）从建筑物或者其他高空抛掷物品，有危害他人人身安全、公私财产安全或者公共安全危险的。**	本条是关于对危害公共安全行为的处罚的规定。 本条第 4 项为本次修订新增内容。明火的升空物体如孔明灯，燃放后无法控制，极易引发火灾事故，对航空器、输变电、汽油站、高空建筑以及供暖、通信等重要设备设施安全构成极大威胁，直接危害公共安全。 本条第 5 项也是本次修订新增内容，与《刑法》中的高空抛物罪相衔接。 **关联法规** 《民法典》第 1254 条；《刑法》第 114、115 条；《电力法》第 18 条；《建筑法》第 39 条

续表

2012 年《中华人民共和国治安管理处罚法》	2025 年《中华人民共和国治安管理处罚法》	重点解读
第三十八条　举办**文化**、**体育**等大型群众性活动，违反有关规定，有发生安全事故危险的，责令停止活动，立即疏散；对**组织者**处五日以上十日以下拘留，并处**二百元**以上**五百元**以下罚款；~~情节较轻的，处五日以下拘留或者五百元以下罚款。~~	**第四十四条**　举办**体育**、**文化**等大型群众性活动，违反有关规定，有发生安全事故危险，**经公安机关责令改正而拒不改正或者无法改正的**，责令停止活动，立即疏散；对**其直接负责的主管人员和其他直接责任人员**处五日以上十日以下拘留，并处**一千元**以上**三千元**以下罚款；**情节较重的，处十日以上十五日以下拘留，并处三千元以上五千元以下罚款，可以同时责令六个月至一年以内不得举办大型群众性活动。**	本条是关于对违反安全规定举办大型群众性活动的处罚的规定。 举办体育、文化等大型群众性活动违反有关规定，有发生安全事故的危险，本条的“违反有关规定”，是指除举办大型活动未经许可，还包括不符合规定安全事项的法律、法规、规章及政府发布的决定、命令等，且经公安机关责令改正而拒不改正或者无法改正的。例如参加者大大超出场地人员的核定容量，没有迅速疏通人员的应急方案等存在严重安全隐患，可能危及人身财产安全等情况。 **关联法规** 《刑法》第 135 条之一；《消防法》第 13、41 条；《大型群众性活动安全管理条例》第 2 条
第三十九条　旅馆、饭店、影剧院、娱乐场、~~运动场、~~展览馆或者其他供社会公众活动的场所的~~经营管理人员~~，违反安全规定，致使该场所有发生	**第四十五条**　旅馆、饭店、影剧院、娱乐场、**体育场馆**、展览馆或者其他供社会公众活动的场所违反安全规定，致使该场所有发生安全事故危险，	本条是关于对违反公众活动场所安全规定行为的处罚的规定。 本行为主要表现为违反安全规定，明知有发生安全事故危险，经公安机关责令

续表

2012 年《中华人民共和国治安管理处罚法》	2025 年《中华人民共和国治安管理处罚法》	重点解读
安全事故危险，经公安机关责令改正，拒不改正的，处五日以下拘留。	经公安机关责令改正**而**拒不改正的，**对其直接负责的主管人员和其他直接责任人员**处五日以下拘留；**情节较重的，处五日以上十日以下拘留。**	改正但拒不改正的，这三个条件需要同时具备，缺一不可。“责令改正”，是指公安机关通过下达整改通知书等通知，要求违反规定的社会公众场所采取措施消除事故危险。实践中一些供社会公众活动的场所，在未举办大型活动期间，也有相当一部分存在安全隐患，如座椅或看台设置年久失修、场馆出入口设置不合理等。 **关联法规** 《刑法》第 139 条；《消防法》第 48 条；《娱乐场所管理条例》第 20~22 条
	第四十六条　违反有关法律法规关于飞行空域管理规定，飞行民用无人驾驶航空器、航空运动器材，或者升放无人驾驶自由气球、系留气球等升空物体，情节较重的，处五日以上十日以下拘留。 **飞行、升放前款规定的物体非法穿越国（边）境的，处十日以上十五日以下拘留。**	本条是本次修订新增的内容，规定了对违规操控升空物体行为的处罚。 对违法飞行、升放飞行器材的行为进行治安处罚，是因为随意飞行、升放易侵害航空领域的飞行安全，应该规范无人驾驶航空器的飞行以及有关活动，从严保障航空飞行和公民生命财产安全。

续表

2012年《中华人民共和国治安管理处罚法》	**2025年《中华人民共和国治安管理处罚法》**	**重点解读**
		关联法规 《无人驾驶航空器飞行管理暂行条例》第2条；《民用机场管理条例》第49条
第三节　侵犯人身权利、财产权利的行为和处罚	第三节　侵犯人身权利、财产权利的行为和处罚	
第四十条　有下列行为之一的，处十日以上十五日以下拘留，并处**五百元**以上**一千元**以下罚款；情节较轻的，处五日以上十日以下拘留，并处~~二百元以上~~**五百元**以下罚款： （一）组织、胁迫、诱骗不满十六周岁的人或者残疾人进行恐怖、残忍表演的； （二）以暴力、威胁或者其他手段强迫他人劳动的； （三）非法限制他人人身自由、非法侵入他人住宅或者非法搜查他人身体的。	**第四十七条**　有下列行为之一的，处十日以上十五日以下拘留，并处**一千元**以上**二千元**以下罚款；情节较轻的，处五日以上十日以下拘留，并处**一千元**以下罚款： （一）组织、胁迫、诱骗不满十六周岁的人或者残疾人进行恐怖、残忍表演的； （二）以暴力、威胁或者其他手段强迫他人劳动的； （三）非法限制他人人身自由、非法侵入他人住宅或者非法搜查他人身体的。	本条是关于对强迫性侵害人身自由行为的处罚的规定。 本条第3项规定的非法限制他人人身自由的行为，侵犯的对象是享有人身权利的任何自然人。非法侵入他人住宅的行为，他人住宅是指行为人以外的其他人居住的住宅，他人，既可以是住宅所有权人，也可以是住宅的承租人、借用人。非法侵入尚未分配、出售或者出租，无人居住的住宅，不构成本行为。非法搜查身体的行为有两种情形：一是指无权搜查的机关、团体、单位的工作人员或者个人对他人的身体进行搜查，二是有权搜查的人未经法定机关批准，滥用职权，擅自对他人身体进行搜查。

续表

2012年《中华人民共和国治安管理处罚法》	2025年《中华人民共和国治安管理处罚法》	重点解读
		关联法规 《民法典》第1011条；《刑法》第238、245条；《劳动法》第96条
	第四十八条 组织、胁迫未成年人在不适宜未成年人活动的经营场所从事陪酒、陪唱等有偿陪侍活动的，处十日以上十五日以下拘留，并处五千元以下罚款；情节较轻的，处五日以下拘留或者五千元以下罚款。	本条是本次修订新增的内容。为了更好保护未成年人，净化未成年人成长环境，针对实践中存在的未成年人在酒吧、歌厅等场所从事陪酒、陪唱等有偿陪侍，危害未成年人身心健康的情况，将组织、胁迫未成年人在不适宜未成年人活动的经营场所从事陪酒、陪唱等有偿陪侍活动纳入治安管理处罚范畴。 **关联法规** 《未成年人保护法》第17条
第四十一条 胁迫、诱骗或者利用他人乞讨的，处十日以上十五日以下拘留，可以并处一千元以下罚款。 反复纠缠、强行讨要或者以其他滋扰他人的方式乞讨的，处五日以下拘留或者警告。	**第四十九条** 胁迫、诱骗或者利用他人乞讨的，处十日以上十五日以下拘留，可以并处**二千元**以下罚款。 反复纠缠、强行讨要或者以其他滋扰他人的方式乞讨的，处五日以下拘留或者警告。	本条为对违法乞讨行为的处罚的规定。 本条第1款规定的行为是胁迫、诱骗或者利用他人乞讨，该行为侵犯客体是被侵害人的人身权利，其中被侵害人多为未成年人和残疾人，损害了当事人的身心健康及尊严。

续表

2012年《中华人民共和国治安管理处罚法》	2025年《中华人民共和国治安管理处罚法》	重点解读
		本条第2款规定的行为是以滋扰方式乞讨。这是一种冒犯性的乞讨行为，是反复纠缠、强行讨要或者以其他滋扰他人的方式进行乞讨的总称。强行讨要到一定程度，将涉嫌触犯《刑法》中的抢劫罪。 **关联法规** 《刑法》第262条之一；《违反公安行政管理行为的名称及其适用意见》第82、83条
第四十二条 有下列行为之一的，处五日以下拘留或者**五百元**以下罚款；情节较重的，处五日以上十日以下拘留，可以并处**五百元**以下罚款： （一）写恐吓信或者以其他方法威胁他人人身安全的； （二）公然侮辱他人或者捏造事实诽谤他人的； （三）捏造事实诬告陷害他人，企图使他人受到刑事追究或者受到治安管理处罚的；	**第五十条** 有下列行为之一的，处五日以下拘留或者**一千元**以下罚款；情节较重的，处五日以上十日以下拘留，可以并处**一千元**以下罚款： （一）写恐吓信或者以其他方法威胁他人人身安全的； （二）公然侮辱他人或者捏造事实诽谤他人的； （三）捏造事实诬告陷害他人，企图使他人受到刑事追究或者受到治安管理处罚的；	本条是对侵犯人身权利六项行为的处罚的规定。 本条第1款第1项规定的行为，在客观方面表现为行为人写恐吓信或者以其他方法威胁他人人身安全。本条第1款第2项规定的行为，侵犯的客体是公民的人格权、名誉权。人格权包括姓名权、肖像权、名誉权。《宪法》规定："公民的人格尊严不受侵犯。禁止用任何方法对公民进行侮辱、诽谤和诬告陷害。"侮辱既可以是暴力倾向的，也可以是文字的，还可以是口头的。

续表

2012 年《中华人民共和国治安管理处罚法》	2025 年《中华人民共和国治安管理处罚法》	重点解读
（四）对证人及其近亲属进行威胁、侮辱、殴打或者打击报复的； （五）多次发送淫秽、侮辱、恐吓**或者其他**信息，干扰他人正常生活的； （六）偷窥、偷拍、窃听、散布他人隐私的。	（四）对证人及其近亲属进行威胁、侮辱、殴打或者打击报复的； （五）多次发送淫秽、侮辱、恐吓**等**信息**或者采取滋扰、纠缠、跟踪等方法**，干扰他人正常生活的； （六）偷窥、偷拍、窃听、散布他人隐私的。 **有前款第五项规定的滋扰、纠缠、跟踪行为的，除依照前款规定给予处罚外，经公安机关负责人批准，可以责令其一定期限内禁止接触被侵害人。对违反禁止接触规定的，处五日以上十日以下拘留，可以并处一千元以下罚款。**	本条第 1 款第 5 项规定加强了发送信息干扰他人正常生活的行为及其处罚；与此同时，本次修订新增关于采取滋扰、纠缠等方式干扰正常生活的治安处罚。 此外，本条第 2 款的规定有助于更好地保障被侵害人的合法权益。 **关联法规** 《刑法》第 243、246 条；《监察法》第 73 条；《违反公安行政管理行为的名称及其适用意见》第 84~90 条
第四十三条　殴打他人的，或者故意伤害他人身体的，处五日以上十日以下拘留，并处**二百元**以上**五百元**以下罚款；情节较轻的，处五日以下拘留或者**五百元**以下罚款。 有下列情形之一的，处十日以上十五日以下拘	**第五十一条**　殴打他人的，或者故意伤害他人身体的，处五日以上十日以下拘留，并处**五百元**以上**一千元**以下罚款；情节较轻的，处五日以下拘留或者**一千元**以下罚款。 有下列情形之一的，处十日以上十五日以下拘	本条是对殴打或故意伤害他人身体行为的处罚的规定。 "殴打他人"是指行为人公然打人，其行为方式主要是采取拳打脚踢，一般只是造成他人皮肉暂时的疼痛，被打的人不一定会受伤。"故意伤害他人身体"，

续表

2012 年《中华人民共和国治安管理处罚法》	2025 年《中华人民共和国治安管理处罚法》	重点解读
留，并处五百元以上一千元以下罚款： （一）结伙殴打、伤害他人的； （二）殴打、伤害残疾人、孕妇、不满十四周岁的人或者六十周岁以上的人的； （三）多次殴打、伤害他人或者一次殴打、伤害多人的。	留，并处**一千元以上二千元**以下罚款： （一）结伙殴打、伤害他人的； （二）殴打、伤害残疾人、孕妇、不满十四周岁的人或者**七**十周岁以上的人的； （三）多次殴打、伤害他人或者一次殴打、伤害多人的。	是指非法损害他人身体健康的行为。本条对结伙殴打、伤害他人的三种加重情节作了规定。这三种行为具有更大社会危害性，需要作出更为严厉的处罚。 **关联法规** 《刑法》第 234、235、292 条；《医师法》第 49 条；《预防未成年人犯罪法》第 33 条
第四十四条 猥亵他人的，或者在公共场所故意裸露身体，情节恶劣的，处五日以上十日以下拘留；猥亵智力残疾人、精神病人、不满十四周岁的人或者有其他严重情节的，处十日以上十五日以下拘留。	**第五十二条** 猥亵他人的，处五日以上十日以下拘留；猥亵精神病人、智力残疾人、不满十四周岁的人或者有其他严重情节的，处十日以上十五日以下拘留。 在公共场所故意裸露身体**隐私部位的，处警告或者五百元以下罚款**；情节恶劣的，**处五日以上十日以下拘留。**	本条是对猥亵及公共场所故意裸露身体隐私部位行为的处罚的规定。 本条第 1 款规定中，行为人必须是故意实施猥亵他人的行为，必须具有违背他人意志的特征，如果对方对于行为人的猥亵行为表示同意，则不是猥亵他人的行为。“其他严重情节”，包括猥亵孕妇，或者在众人面前猥亵他人，或猥亵行为给他人精神造成伤害。 本条第 2 款中，“情节恶劣”有以下五种情形：（1）造成现场秩序混乱等危害后果或者较大社会影响

续表

2012年《中华人民共和国治安管理处罚法》	2025年《中华人民共和国治安管理处罚法》	重点解读
		的；（2）在有多名异性或者未成年人的公共场所故意裸露身体隐私部位的；（3）经制止拒不改正的；（4）伴随挑逗性语言或者动作的；（5）其他情节恶劣的情形。 **关联法规** 《刑法》第237条；《妇女权益保障法》第27条；《违反公安行政管理行为的名称及其适用意见》第44条
第四十五条　有下列行为之一的，处五日以下拘留或者警告： （一）虐待家庭成员，被虐待人要求处理的； （二）遗弃没有独立生活能力的被扶养人的。	**第五十三条**　有下列行为之一的，处五日以下拘留或者警告；**情节较重的，处五日以上十日以下拘留，可以并处一千元以下罚款**： （一）虐待家庭成员，被虐待人**或者其监护人**要求处理的； **（二）对未成年人、老年人、患病的人、残疾人等负有监护、看护职责的人虐待被监护、看护的人的；** **（三）**遗弃没有独立生活能力的被扶养人的。	本条是对虐待家庭成员、监护对象及遗弃被扶养人行为的处罚的规定。 本条第2项是对监护人、看护人对老弱病残等虐待的处罚规定，本项是新增规定，在幼儿园老师虐待儿童、福利院虐待老人的事件中，未成年人、老年人等被监护人、被看护人的心理受到了严重的伤害。 **关联法规** 《刑法》第260、261条；《民法典》第1114条；《残疾人保障法》第9、52条；《未成年人保护法》第10、62条

续表

2012年《中华人民共和国治安管理处罚法》	2025年《中华人民共和国治安管理处罚法》	重点解读
第四十六条 强买强卖商品，强迫他人提供服务或者强迫他人接受服务的，处五日以上十日以下拘留，并处**二百元**以上**五百元**以下罚款；情节较轻的，处五日以下拘留或者**五百元**以下罚款。	**第五十四条** 强买强卖商品，强迫他人提供服务或者强迫他人接受服务的，处五日以上十日以下拘留，并处**三千元**以上**五千元**以下罚款；情节较轻的，处五日以下拘留或者**一千元**以下罚款。	本条规定了对强迫交易行为的处罚。 强迫交易的违反治安管理行为，是指以暴力、威胁手段强买强卖，强迫他人提供服务或者强迫他人接受服务，情节不严重的行为。强迫他人提供服务，是指行为人不遵守公平自愿原则，不顾提供服务方是否愿意，强迫对方提供住宿、维修、搬运、餐饮等各种服务的行为。强迫他人接受服务，主要指娱乐业、餐饮业、美容服务业等服务性质的行业，在营业中违反法律法规和商业道德，不顾消费者同意，强迫对方接受服务的行为。强迫进行交易的行为，违反了自愿、平等、公平的民事活动基本原则，侵犯经营者或消费者的合法权益，扰乱正常的市场交易秩序，具有严重的社会危害性。 **关联法规** 《刑法》第226条；《民法典》第5条

续表

2012 年《中华人民共和国治安管理处罚法》	2025 年《中华人民共和国治安管理处罚法》	重点解读
第四十七条 煽动民族仇恨、民族歧视，或者在出版物、~~计算机~~信息网络中刊载民族歧视、侮辱内容的，处十日以上十五日以下拘留，可以并处一千元以下罚款。	**第五十五条** 煽动民族仇恨、民族歧视，或者在出版物、信息网络中刊载民族歧视、侮辱内容的，处十日以上十五日以下拘留，可以并处**三千元**以下罚款；**情节较轻的，处五日以下拘留或者三千元以下罚款。**	本条是对煽动民族仇恨、民族歧视行为的处罚的规定。 民族团结是始终关系到国家统一、民族团结和社会稳定的重大问题。本条从两个方面进行规范：一是煽动民族仇恨、民族攻视行为的认定及处罚；二是刊载民族歧视、侮辱内容作品行为的认定及处罚。 **关联法规** 《宪法》第 4 条；《国家安全法》第 26 条；《民族区域自治法》第 9 条；《出版管理条例》第 25、56 条；《娱乐场所管理条例》第 13 条
	第五十六条　违反国家有关规定，向他人出售或者提供个人信息的，处十日以上十五日以下拘留；情节较轻的，处五日以下拘留。 **窃取或者以其他方法非法获取个人信息的，依照前款的规定处罚。**	本条是对侵犯个人信息行为的处罚的规定，是本次修订的新增内容。 随着信息通信技术快速发展迭代，个人信息保护问题的复杂性、紧迫性、专业性进一步凸显，本条规定加强了对违法行为的打击。 **关联法规** 《刑法》第 253 条；《个人信息保护法》第 2 条

续表

2012 年《中华人民共和国治安管理处罚法》	2025 年《中华人民共和国治安管理处罚法》	重点解读
第四十八条 冒领、隐匿、毁弃、私自开拆或者非法检查他人邮件的，处~~五日以下拘留~~或者**五百元**以下罚款。	**第五十七条** 冒领、隐匿、毁弃、**倒卖**、私自开拆或者非法检查他人邮件、**快件**的，处**警告**或者**一千元**以下罚款；**情节较重的，处五日以上十日以下拘留。**	本条是对侵犯公民通信自由行为的处罚的规定。 本行为侵犯的客体是公民的通信自由权利，在客观上表现为冒领、隐匿、毁弃、倒卖、私自开拆或者非法检查他人寄递邮件。 **关联法规** 《刑法》第 252、253 条；《邮政法》第 36 条
第四十九条 盗窃、诈骗、哄抢、抢夺、敲诈勒索或者~~故意损毁公私财物~~的，处五日以上十日以下拘留，~~可以并处五百元~~以下罚款；情节较重的，处十日以上十五日以下拘留，可以并处**一千元**以下罚款。	**第五十八条** 盗窃、诈骗、哄抢、抢夺或者敲诈勒索的，处五日以上十日以下拘留**或者二千元**以下罚款；情节较重的，处十日以上十五日以下拘留，可以并处**三千元**以下罚款。	本条为对盗窃、诈骗、哄抢、抢夺、敲诈勒索行为的处罚的规定。 需要注意的是，盗窃公私财物的行为，是指行为人以非法占有为目的，秘密窃取公私财物，尚不够刑事处罚的行为。如果对某种财物未经物主同意暂时挪用或借用，准备日后归还而无非法占有的目的，不构成盗窃。 **关联法规** 《刑法》第 264～268 条；《最高人民法院、最高人民检察院关于办理抢夺刑事案件适用法律若干问题的解释》

续表

2012年《中华人民共和国治安管理处罚法》	2025年《中华人民共和国治安管理处罚法》	重点解读
	第五十九条 故意损毁公私财物的，处五日以下拘留或者一千元以下罚款；情节较重的，处五日以上十日以下拘留，可以并处三千元以下罚款。	本条为对故意损毁公私财物行为的处罚的规定。 故意损毁公私财物的行为，是指行为人出于泄私愤、报复等动机，故意损坏公私财物的完整性，故意使公私财物丧失部分乃至全部价值或者使用价值，尚不够刑事处罚的行为。本行为在客观上表现为毁灭或者损坏公私财物，侵犯对象包括生产资料、生活资料、动产、不动产等多种公私财物。 **关联法规** 《刑法》第275条；《预防未成年人犯罪法》第38条
	第六十条 以殴打、侮辱、恐吓等方式实施学生欺凌，违反治安管理的，公安机关应当依照本法、《中华人民共和国预防未成年人犯罪法》的规定，给予治安管理处罚、采取相应矫治教育等措施。 学校违反有关法律法规规定，明知发生严重的学生欺凌或者明知发生其他侵害未成年学生的犯罪，不按规定报告或者处	本条是本次修订新增的内容，是关于学生欺凌治安管理处罚行为及对学校不按规定报告、处置学生欺凌和侵害未成年学生犯罪的法律责任的规定。 本条第1款规定，对于学生违反治安管理的欺凌行为，公安机关在处罚上应注意本法与《预防未成年人犯罪法》的规定，并合理采取措施。 本条第2款规定，学校有处置学生欺凌或者明知发生其他侵害未成年学生的犯

续表

2012年《中华人民共和国治安管理处罚法》	2025年《中华人民共和国治安管理处罚法》	重点解读
	置的，责令改正，对其直接负责的主管人员和其他直接责任人员，建议有关部门依法予以处分。	罪的义务，主要包括按规定报告或者处置。本条规定了学校不履行法定义务需要承担的法律责任，要求学校建立学生欺凌防控工作制度，加强日常安全管理；依法认定和处理学生欺凌行为；对相关未成年学生及时给予心理辅导、教育和引导；对实施欺凌的未成年学生依法加强管教；对严重的欺凌行为应当及时向公安机关、教育主管部门报告，并配合相关部门依法处理。 **关联法规** 《未成年人保护法》第39条；《预防未成年人犯罪法》第20条
第四节　妨害社会管理的行为和处罚	第四节　妨害社会管理的行为和处罚	
第五十条　有下列行为之一的，处警告或者**二百元**以下罚款；情节严重的，处五日以上十日以下拘留，可以并处**五百元**以下罚款： （一）拒不执行人民政府在紧急状态情况下依法发布的决定、命令的；	**第六十一条**　有下列行为之一的，处警告或者**五百元**以下罚款；情节严重的，处五日以上十日以下拘留，可以并处**一千元**以下罚款： （一）拒不执行人民政府在紧急状态情况下依法发布的决定、命令的；	本条为对拒不执行紧急状态决定、命令及阻碍执行公务行为的处罚的规定。 本条第1项中的紧急状态，是指发生或者即将发生特别重大突发事件，需要国家机关行使紧急权力予以控制、消除其社会危害和威胁时，有关国家机关按照宪法、

续表

2012 年《中华人民共和国治安管理处罚法》	2025 年《中华人民共和国治安管理处罚法》	重点解读
（二）阻碍国家机关工作人员依法执行职务的； （三）阻碍执行紧急任务的消防车、救护车、工程抢险车、警车**等车辆**通行的； （四）强行冲闯公安机关设置的警戒带、警戒区的。 阻碍人民警察依法执行职务的，从重处罚。	（二）阻碍国家机关工作人员依法执行职务的； （三）阻碍执行紧急任务的消防车、救护车、工程抢险车、警车**或者执行上述紧急任务的专用船舶**通行的； （四）强行冲闯公安机关设置的警戒带、警戒区**或者检查点**的。 阻碍人民警察依法执行职务的，从重处罚。	法律规定的权限决定并宣布局部地区或者全国实行的一种临时性的严重危急状态。 **关联法规** 《刑法》第 242、277、278 条；《消费者权益保护法》第 52 条；《反家庭暴力法》第 16 条；《突发事件应对法》第 103 条
第五十一条 冒充国家机关工作人员~~或者以其~~他虚假身份招摇撞骗的，处**五日**以上**十日**以下拘留，可以并处**五百元**以下罚款；情节较轻的，处五日**以下**拘留~~或者五百元以下罚款~~。 冒充军警人员招摇撞骗的，从重处罚。	**第六十二条** 冒充国家机关工作人员招摇撞骗的，处**十日**以上**十五日**以下拘留，可以并处**一千元**以下罚款；情节较轻的，处五日**以上十日以下**拘留。 冒充军警人员招摇撞骗的，从重处罚。 **盗用、冒用个人、组织的身份、名义或者**以其他虚假身份招摇撞骗的，**处五日以下拘留或者一千元以下罚款；情节较重的，处五日以上十日以下拘留，可以并处一千元以下罚款。**	本条是对招摇撞骗行为的处罚的规定。 本条第 3 款规定的盗用、冒用个人、组织的身份、名义或者以其他虚假身份招摇撞骗，是指冒充国家机关工作人员以外的其他人员，如冒充高干子弟、记者、医生、教师等或以某组织名义进行招摇撞骗。 **关联法规** 《刑法》第 279 条；《国家情报法》第 30 条；《军服管理条例》第 16 条

续表

2012年《中华人民共和国治安管理处罚法》	2025年《中华人民共和国治安管理处罚法》	重点解读
第五十二条 有下列行为之一的，处十日以上十五日以下拘留，可以并处**一千元**以下罚款；情节较轻的，处五日以上十日以下拘留，可以并处**五百元**以下罚款： （一）伪造、变造或者买卖国家机关、人民团体、企业、事业单位或者其他组织的公文、证件、证明文件、印章的； （二）买卖或者使用伪造、变造的国家机关、人民团体、企业、事业单位或者其他组织的公文、证件、证明文件的； （三）伪造、变造、倒卖车票、船票、航空客票、文艺演出票、体育比赛入场券或者其他有价票证、凭证的； （四）伪造、变造船舶户牌，买卖或者使用伪造、变造的船舶户牌，或者涂改船舶发动机号码的。	**第六十三条** 有下列行为之一的，处十日以上十五日以下拘留，可以并处**五千元**以下罚款；情节较轻的，处五日以上十日以下拘留，可以并处**三千元**以下罚款： （一）伪造、变造或者买卖国家机关、人民团体、企业、事业单位或者其他组织的公文、证件、证明文件、印章的； **（二）出租、出借国家机关、人民团体、企业、事业单位或者其他组织的公文、证件、证明文件、印章供他人非法使用的；** （三）买卖或者使用伪造、变造的国家机关、人民团体、企业、事业单位或者其他组织的公文、证件、证明文件、**印章**的； （四）伪造、变造**或者**倒卖车票、船票、航空客票、文艺演出票、体育比赛入场券或者其他有价票证、凭证的； （五）伪造、变造船舶户牌，买卖或者使用伪造、变造的船舶户牌，或者涂改船舶发动机号码的。	本条为对伪造、变造、出租、出借、买卖公文、证件、票证行为的处罚的规定。 “伪造”，是指无制作权人冒用有关国家机关、人民团体、企业、事业单位的名义，非法制作国家机关、人民团体、企业、事业单位或者其他组织的公文、证件、证明文件、印章的行为。“变造”，是指用涂改、拼接、擦消等方法，对真实的公文、证件、证明文件、印章进行改制，变更其原来真实内容的行为。“出租”“出借”，是将自己所属的公文、证件、证明文件、印章的提供给他人使用。“买卖”，是指为了某种目的，非法购买或销售国家机关、人民团体、企业、事业单位或者其他组织的公文、证件、证明文件、印章的行为。“涂改船舶发动机号码”，是指擅自涂改船舶发动机原有号码的行为，侵犯国家对船舶的正常管理秩序。 **关联法规** 《刑法》第227、280条；《居民身份证法》第16~18条；《道路交通安全法》第96条；《社会团体印章管理规定》

续表

2012 年《中华人民共和国治安管理处罚法》	2025 年《中华人民共和国治安管理处罚法》	重点解读
第五十三条 船舶擅自进入、停靠国家禁止、限制进入的水域或者岛屿的，对船舶负责人及有关责任人员处**五百元**以上**一千元**以下罚款；情节严重的，处五日以下拘留，并处**五百元以上一千元**以下罚款。	**第六十四条** 船舶擅自进入、停靠国家禁止、限制进入的水域或者岛屿的，对船舶负责人及有关责任人员处**一千元**以上**二千元**以下罚款；情节严重的，处五日以下拘留，**可以**并处**二千元**以下罚款。	本条是对船舶擅进禁止、限入水域或岛屿行为的处罚的规定。 本行为侵犯的是国家对特定水域、岛屿的管理秩序。本行为的主体是船舶的负责人和其他有关责任人员；侵犯对象是国家禁止、限制进入的水域或者岛屿。在客观方面表现为船舶违反国家规定擅自进入、停靠国家禁止、限制进入的水域或者岛屿。 **关联法规** 《刑法》第 371 条；《沿海船舶边防治安管理规定》第 17 条
第五十四条 有下列行为之一的，处十日以上十五日以下拘留，并处五~~百元以上~~**一千元**以下罚款；情节较轻的，处五日以下拘留或者**五百元**以下罚款： （一）违反国家规定，未经注册登记，以社会团体名义进行活动，被取缔后，仍进行活动的； （二）被依法撤销登	**第六十五条** 有下列行为之一的，处十日以上十五日以下拘留，**可以**并处**五千元**以下罚款；情节较轻的，处五日**以上十日**以下拘留或者**一千元以上三千元**以下罚款： （一）违反国家规定，未经注册登记，以社会团体、**基金会、社会服务机构等社会组织**名义进行活动，被取缔后，仍进行活	本条是对非法社会组织活动及未获许可擅自经营行为的处罚的规定。 本条第 2 条新增规定，因有第 1 条 3 项规定被取缔 1 年内又实施本条的，处 10 日以上 15 日以下拘留，并处 3000 元以上 5000 元以下罚款。“取缔”，是指明令取消或禁止，主要是公安机关等行政机关吊销颁发证照这一资格罚。

续表

2012年《中华人民共和国治安管理处罚法》	2025年《中华人民共和国治安管理处罚法》	重点解读
记的社会团体，仍以社会团体名义进行活动的； （三）未经许可，擅自经营按照国家规定需要由公安机关许可的行业的。 有前款第三项行为的，予以取缔。 取得公安机关许可的经营者，违反国家有关管理规定，情节严重的，公安机关可以吊销许可证。	动的； （二）被依法撤销登记**或者吊销登记证书**的社会团体、**基金会、社会服务机构等社会组织**，仍以**原社会组织**名义进行活动的； （三）未经许可，擅自经营按照国家规定需要由公安机关许可的行业的。 有前款第三项行为的，予以取缔。**被取缔一年以内又实施的，处十日以上十五日以下拘留，并处三千元以上五千元以下罚款。** 取得公安机关许可的经营者，违反国家有关管理规定，情节严重的，公安机关可以吊销许可证**件**。	**关联法规** 《刑法》第225条；《社会团体登记管理条例》第20~26条；《公安机关行政许可工作规定》
第五十五条 煽动、策划非法集会、游行、示威，不听劝阻的，处十日以上十五日以下拘留。	**第六十六条** 煽动、策划非法集会、游行、示威，不听劝阻的，处十日以上十五日以下拘留。	本条为对煽动、策划非法集会、游行、示威行为的处罚的规定。 本条所调整的非法集会、游行、示威行为，是指煽动、策划行为。策划，是指谋划和计划。本法处罚的是非法集会、游行、示威的煽动者、策划者。只有在不

续表

2012年《中华人民共和国治安管理处罚法》	2025年《中华人民共和国治安管理处罚法》	重点解读
		停劝阻，行为人仍进行煽动、策划的，公安机关才予以处罚。 关联法规 《刑法》第296条；《集会游行示威法》第2、28条
第五十六条　旅馆业的工作人员对住宿的旅客不按规定登记姓名、身份证件种类和号码的，或者明知住宿的旅客将危险物质带入旅馆，不予制止的，处二百元以上五百元以下罚款。 旅馆业的工作人员明知住宿的旅客是犯罪嫌疑人员或者被公安机关通缉的人员，不向公安机关报告的，处二百元以上五百元以下罚款；情节严重的，处五日以下拘留，可以并处五百元以下罚款。	**第六十七条**　从事旅馆业经营活动不按规定登记住宿人员姓名、有效身份证件种类和号码等信息的，或者为身份不明、拒绝登记身份信息的人提供住宿服务的，对其直接负责的主管人员和其他直接责任人员处五百元以上一千元以下罚款；情节较轻的，处警告或者五百元以下罚款。 实施前款行为，妨害反恐怖主义工作进行，违反《中华人民共和国反恐怖主义法》规定的，依照其规定处罚。 从事旅馆业经营活动有下列行为之一的，对其直接负责的主管人员和其他直接责任人员处一千元以上三千元以下罚款；情节严重的，处五日以下拘	本条规定了从事旅馆业经营活动人员不按规定登记住宿信息的处罚。 本行为的主体是旅馆业经营者及其工作人员，侵犯的是公安机关对旅馆业的管理制度。本条对三类严重违法行为作出更为严厉的处罚：（1）明知住宿人员违反规定将危险物质带入住宿区域，不予制止的；（2）明知住宿人员是犯罪嫌疑人员或者被公安机关通缉的人员，不向公安机关报告的；（3）明知住宿人员利用旅馆实施犯罪、违反治安管理行为，不向公安机关报告的。 关联法规 《妇女权益保障法》第26条；《旅馆业治安管理办法》第9条

续表

2012 年《中华人民共和国治安管理处罚法》	2025 年《中华人民共和国治安管理处罚法》	重点解读
	留，可以并处三千元以上五千元以下罚款： （一）明知住宿人员违反规定将危险物质带入住宿区域，不予制止的； （二）明知住宿人员是犯罪嫌疑人员或者被公安机关通缉的人员，不向公安机关报告的； **（三）明知住宿人员利用旅馆实施犯罪活动，不向公安机关报告的。**	
第五十七条 房屋出租人将房屋出租给**无身份证件的人**居住的，或者不按规定登记承租人姓名、身份证件种类和号码的，处**二百元**以上**五百元**以下罚款。 房屋出租人明知承租人利用出租房屋**进行**犯罪活动，不向公安机关报告的，处**二百元**以上**五百元**以下罚款；情节严重的，处五日以下拘留，可以并处**五百元**以下罚款。	**第六十八条** 房屋出租人将房屋出租给**身份不明、拒绝登记身份信息的人**的，或者不按规定登记承租人姓名、**有效**身份证件种类和号码**等信息**的，处**五百元**以上**一千元**以下罚款；**情节较轻的，处警告或者五百元以下罚款。** 房屋出租人明知承租人利用出租房屋**实施**犯罪活动，不向公安机关报告的，处**一千元**以上**三千元**以下罚款；情节严重的，处五日以下拘留，可以并处**三千元以上五千元**以下罚款。	本条规定了对违法出租房屋行为的处罚。 本行为侵犯的客体是社会管理秩序和公安机关对出租屋的管理秩序。出租人应依法将房屋出租给身份明确、配合登记身份信息的人。对不知道房屋承租人进行犯罪活动、违反治安管理行为的，不构成违反治安管理行为，不予处罚。 **关联法规** 《租赁房屋治安管理规定》第 6、7 条

续表

2012 年《中华人民共和国治安管理处罚法》	2025 年《中华人民共和国治安管理处罚法》	重点解读
	第六十九条　娱乐场所和公章刻制、机动车修理、报废机动车回收行业经营者违反法律法规关于要求登记信息的规定，不登记信息的，处警告；拒不改正或者造成后果的，对其直接负责的主管人员和其他直接责任人员处五日以下拘留或者三千元以下罚款。	本条为对特定行业经营者不依法登记信息行为的处罚的规定。 该条主要目的在于与特定行业的相关规定进行衔接，比如《废旧金属收购业治安管理办法》第 4 条第 1 款规定："收购废旧金属的企业和个体工商户，应当在取得营业执照后 15 日内向所在地县级人民政府公安机关备案。" **关联法规** 《旅馆业治安管理办法》第 4 条
	第七十条　非法安装、使用、提供窃听、窃照专用器材的，处五日以下拘留或者一千元以上三千元以下罚款；情节较重的，处五日以上十日以下拘留，并处三千元以上五千元以下罚款。	本条为本次修订新增内容，对非法使用、提供窃听、窃照专用器材行为的处罚进行了规定。 专用窃听器材包括暗藏式窃听、窃照器材，突发式收发报机、一次性密码本、密写工具，以及用于获取情报的电子监听、截收器材等。 **关联法规** 《刑法》第 284 条；《国家安全法》第 10 条

续表

2012年《中华人民共和国治安管理处罚法》	2025年《中华人民共和国治安管理处罚法》	重点解读
第五十九条 有下列行为之一的，处**五百元**以上**一千元**以下罚款；情节严重的，处五日以上十日以下拘留，并处**五百元**以上**一千元**以下罚款： （一）典当业工作人员承接典当的物品，不查验有关证明、不履行登记手续，或者明知是违法犯罪嫌疑人、赃物，不向公安机关报告的； （二）违反国家规定，收购铁路、油田、供电、电信、矿山、水利、测量和城市公用设施等废旧专用器材的； （三）收购公安机关通报寻查的赃物或者有赃物嫌疑的物品的； （四）收购国家禁止收购的其他物品的。	**第七十一条** 有下列行为之一的，处**一千元**以上**三千元**以下罚款；情节严重的，处五日以上十日以下拘留，并处**一千元**以上**三千元**以下罚款： （一）典当业工作人员承接典当的物品，不查验有关证明、不履行登记手续**的**，或者**违反国家规定对**明知是违法犯罪嫌疑人、赃物**而**不向公安机关报告的； （二）违反国家规定，收购铁路、油田、供电、电信、矿山、水利、测量和城市公用设施等废旧专用器材的； （三）收购公安机关通报寻查的赃物或者有赃物嫌疑的物品的； （四）收购国家禁止收购的其他物品的。	本条为对违法典当、收购行为的处罚的规定。 本条第1项规定的行为侵犯的客体是公安机关对典当业的管理制度。在客观方面表现为典当工作人员承接典当的物品不查验有关证明、不履行登记手续，或者明知是违法犯罪嫌疑人员、赃物，不向公安机关报告。 本条第2项规定的行为，是指违反国家的规定，收购铁路、油田、供电、电信、矿山、水利、测量和城市公用设施等废旧专用器材的，尚不构成刑事处罚的行为。该行为侵犯了公安机关对废旧专有器材的管理制度。 本条第3项规定的赃物是指犯罪分子非法取得的财物，对于赃物一律要进行收缴和退赔的，明知是赃物的情况下进行收赃的行为，属于违法犯罪的行为，要承担法律责任。 **关联法规** 《刑法》第312条；《典当管理办法》第35条；《废旧金属收购业治安管理办法》

续表

2012 年《中华人民共和国治安管理处罚法》	2025 年《中华人民共和国治安管理处罚法》	重点解读
第六十条　有下列行为之一的，处五日以上十日以下拘留，并处~~二百元以上~~**五百元**以下罚款： （一）隐藏、转移、变卖或者损毁行政执法机关依法扣押、查封、冻结的财物的； （二）伪造、隐匿、毁灭证据或者提供虚假证言、谎报案情，影响行政执法机关依法办案的； （三）明知是赃物而窝藏、转移或者代为销售的； （四）被依法执行管制、剥夺政治权利或者在缓刑、暂予监外执行中的罪犯或者被依法采取刑事强制措施的人，有违反法律、行政法规或者国务院有关部门的监督管理规定的行为。	**第七十二条**　有下列行为之一的，处五日以上十日以下拘留，**可以**并处**一千元**以下罚款；**情节较轻的，处警告或者一千元以下罚款**： （一）隐藏、转移、变卖、**擅自使用**或者损毁行政执法机关依法扣押、查封、冻结、**扣留、先行登记保存**的财物的； （二）伪造、隐匿、毁灭证据或者提供虚假证言、谎报案情，影响行政执法机关依法办案的； （三）明知是赃物而窝藏、转移或者代为销售的； （四）被依法执行管制、剥夺政治权利或者在缓刑、暂予监外执行中的罪犯或者被依法采取刑事强制措施的人，有违反法律、行政法规或者国务院有关部门的监督管理规定的行为**的**。	本条是对妨害行政执法及司法秩序行为的处罚的规定。 本行为侵犯的是国家行政执法机关、司法机关的执法办案活动秩序。 **关联法规** 《刑法》第 39、58、75、77 条；《反间谍法》第 54 条；《刑事诉讼法》第 66 条
~~第六十一条　协助组织或者运送他人偷越国（边）境的，处十日以上十五日以下拘留，并处一千元以上五千元以下罚款。~~		

续表

2012年《中华人民共和国治安管理处罚法》	2025年《中华人民共和国治安管理处罚法》	重点解读
~~第六十二条　为偷越国（边）境人员提供条件的，处五日以上十日以下拘留，并处五百元以上三千元以下罚款。偷越国（边）境的，处五日以下拘留或者五百元以下罚款。~~		
	第七十三条　有下列行为之一的，处警告或者一千元以下罚款；情节较重的，处五日以上十日以下拘留，可以并处一千元以下罚款： （一）违反人民法院刑事判决中的禁止令或者职业禁止决定的； （二）拒不执行公安机关依照《中华人民共和国反家庭暴力法》、《中华人民共和国妇女权益保障法》出具的禁止家庭暴力告诫书、禁止性骚扰告诫书的； （三）违反监察机关在监察工作中、司法机关在刑事诉讼中依法采取的禁止接触证人、鉴定人、被害人及其近亲属保护措施的。	本条为对违反禁止令等行为的处罚的规定。 对于因利用职业便利或者违背职业要求的特定义务实施犯罪的犯罪分子，自刑罚执行完毕之日或者假释之日起，禁止其在3年至5年内从事相关职业。可见，职业禁止对于预防再犯罪、维护社会安定具有重要意义。 家庭暴力告诫书，是指家庭暴力情节较轻，依法不给予治安管理处罚的，公安机关决定对加害人给予告诫，禁止其实施家庭暴力而出具的法律文书。公安机关出具家庭暴力告诫书，是告诫当事人若再次实施家庭暴力，公安机关将依法严肃处理。如果拒不执行将受到处罚。

续表

2012 年《中华人民共和国治安管理处罚法》	2025 年《中华人民共和国治安管理处罚法》	重点解读
	第七十四条　依法被关押的违法行为人脱逃的，处十日以上十五日以下拘留；情节较轻的，处五日以上十日以下拘留。	本条为对被关押违法行为人脱逃的处罚的规定。 本行为所侵犯的是公安机关的正常管理秩序，本条借鉴了《刑法》中对脱逃罪的规定，规定接受关押的人员必须遵守法定义务。本行为在客观方面表现为逃离关押的场所，常见的关押场所有拘留所、公安机关内设羁押室等。 **关联法规** 《刑法》第 316 条；《刑事诉讼法》第 206 条
第六十三条　有下列行为之一的，处警告或者**二百元**以下罚款；情节较重的，处五日以上十日以下拘留，并处**二百元**以上**五百元**以下罚款： （一）刻划、涂污或者以其他方式故意损坏国家保护的文物、名胜古迹的； （二）违反国家规定，在文物保护单位附近进行爆破、挖掘等活动，危及文物安全的。	**第七十五条**　有下列行为之一的，处警告或者**五百元**以下罚款；情节较重的，处五日以上十日以下拘留，并处**五百元**以上**一千元**以下罚款： （一）刻划、涂污或者以其他方式故意损坏国家保护的文物、名胜古迹的； （二）违反国家规定，在文物保护单位附近进行爆破、**钻探、**挖掘等活动，危及文物安全的。	本条为对妨害文物管理行为的处罚的规定。 本条规定的行为侵犯的客体是国家对文物、名胜古迹的管理秩序，具体包括两种对妨碍文物管理行为的处罚：一是刻划、涂污、损坏文物、名胜古迹的行为，本行为侵害的对象是国家保护的文物和名胜古迹，本行为在客观方面表现为刻划、涂污或者以其他方式故意损坏国家保护的文物、名胜古迹；二是危及文物安全的行为，本行为侵犯的客体是国

续表

2012年《中华人民共和国治安管理处罚法》	2025年《中华人民共和国治安管理处罚法》	重点解读
		家文物保护单位的管理秩序和安全，本行为侵害的对象是国家文物保护单位。 **关联法规** 《刑法》第324条；《文物保护法》第2条；《风景名胜区条例》第44条
第六十四条 有下列行为之一的，处**五百元**以上**一千元**以下罚款；情节严重的，处十日以上十五日以下拘留，并处~~五百元以上~~**一千元**以下罚款： （一）偷开他人机动车的； （二）未取得驾驶证驾驶或者偷开他人航空器、机动船舶的。	**第七十六条** 有下列行为之一的，处**一千元**以上**二千元**以下罚款；情节严重的，处十日以上十五日以下拘留，**可以**并处**二千元**以下罚款： （一）偷开他人机动车的； （二）未取得驾驶证驾驶或者偷开他人航空器、机动船舶的。	本条为对非法驾驶交通工具行为的处罚的规定。 本条行为侵犯的是交通管理秩序，“偷开”是指在不为机动车、航空器、机动船舶所有人知晓的情况下，行为人秘密开走机动车、航空器、机动船舶，使其不受所有人控制的行为；“未取得驾驶证”，即无证驾驶，是指没有经过专门的训练，没有取得合法的专业驾驶证书而从事驾驶的行为。 **关联法规** 《刑法》第133条；《沿海船舶边防治安管理规定》第29条
第六十五条 有下列行为之一的，处五日以上十日以下拘留；情节严重的，处十日以上十五日以下拘留，可以并处**一千元**以下罚款：	**第七十七条** 有下列行为之一的，处五日以上十日以下拘留；情节严重的，处十日以上十五日以下拘留，可以并处**二千元**以下罚款：	本条是对破坏他人坟墓、毁坏尸骨和非法停放尸体行为的处罚的规定。 本条规定了妨碍尸体、尸骨管理制度的三种行为，尽管这三种行为客观表现不

续表

2012年《中华人民共和国治安管理处罚法》	2025年《中华人民共和国治安管理处罚法》	重点解读
（一）故意破坏、污损他人坟墓或者毁坏、丢弃他人尸骨、骨灰的； （二）在公共场所停放尸体或者因停放尸体影响他人正常生活、工作秩序，不听劝阻的。	（一）故意破坏、污损他人坟墓或者毁坏、丢弃他人尸骨、骨灰的； （二）在公共场所停放尸体或者因停放尸体影响他人正常生活、工作秩序，不听劝阻的。	同，行为对象不同，但均是出于主观故意。破坏他人坟墓，是指挖掘、毁坏他人的坟墓、毁坏他人的墓碑等行为。污损他人坟墓，是指用污秽物品泼洒在他人的坟墓上，也包括污损他人墓碑的行为。毁坏、丢弃他人尸骨、骨灰，是指将他人的尸骨进行破坏或陈尸野外，将他人的骨灰丢弃的行为。在公共场所停放尸体，公共场所包括党政国家机关门口、车站、港口、码头、民用航空站、商场、公园、运动场、展览馆等其他供不特定多数人随时出入、停留、使用的场所。在非公共场所停放尸体，如果影响他人正常生活、工作秩序，不听劝阻的，也应该给予处罚。 **关联法规** 《刑法》第328条
第六十六条　卖淫、嫖娼的，处十日以上十五日以下拘留，可以并处五千元以下罚款；情节较轻的，处五日以下拘留或者**五百元**以下罚款。	**第七十八条**　卖淫、嫖娼的，处十日以上十五日以下拘留，可以并处五千元以下罚款；情节较轻的，处五日以下拘留或者**一千元**以下罚款。	本条为对卖淫、嫖娼行为的处罚的规定。 卖淫、嫖娼行为在客观方面表现为以给付金钱、物质或者以其他非物质利益等报酬或者约定给付金钱、物

续表

2012 年《中华人民共和国治安管理处罚法》	2025 年《中华人民共和国治安管理处罚法》	重点解读
在公共场所拉客招嫖的，处五日以下拘留或者**五百元**以下罚款。	在公共场所拉客招嫖的，处五日以下拘留或者**一千元**以下罚款。	质或者某些非物质利益等报酬为手段，换取卖淫者的肉体服务，进行不正当性行为。嫖娼并不以性行为的实际进行或完成为必要条件，对行为主体之间主观上已经就卖淫嫖娼达成一致，已经谈好价钱或者已经给付金钱、财物，并且着手实施，但由于本人主观意志以外的原因，尚未发生性关系的；或者已经发生性关系，但尚未给付金钱、财物的，都认定为嫖娼行为。 **关联法规** 《刑法》第 360 条
第六十七条　引诱、容留、介绍他人卖淫的，处十日以上十五日以下拘留，可以并处五千元以下罚款；情节较轻的，处五日以下拘留或者**五百元**以下罚款。	**第七十九条**　引诱、容留、介绍他人卖淫的，处十日以上十五日以下拘留，可以并处五千元以下罚款；情节较轻的，处五日以下拘留或者**一千元以上二千元**以下罚款。	本条为对引诱、容留、介绍他人卖淫行为的处罚的规定。 引诱、容留、介绍他人卖淫行为侵犯的客体是社会管理秩序和良好的社会风尚。在客观方面表现为使用金钱、物质或者其他利益，诱使他人卖淫，或者为他人卖淫提供场所，或者为卖淫的人介绍嫖客的行为。 **关联法规** 《刑法》第 359 条；《娱乐场所管理条例》第 13、14 条

续表

2012 年《中华人民共和国治安管理处罚法》	2025 年《中华人民共和国治安管理处罚法》	重点解读
第六十八条　制作、运输、复制、出售、出租淫秽的书刊、图片、影片、音像制品等淫秽物品或者利用~~计算机~~信息网络、电话以及其他通讯工具传播淫秽信息的，处十日以上十五日以下拘留，可以并处**三千元**以下罚款；情节较轻的，处五日以下拘留或者**五百元**以下罚款。	**第八十条**　制作、运输、复制、出售、出租淫秽的书刊、图片、影片、音像制品等淫秽物品或者利用信息网络、电话以及其他通讯工具传播淫秽信息的，处十日以上十五日以下拘留，可以并处**五千元**以下罚款；情节较轻的，处五日以下拘留或者**一千元以上三千元**以下罚款。 **前款规定的淫秽物品或者淫秽信息中涉及未成年人的，从重处罚。**	本条为对传播淫秽信息行为的处罚的规定。 传播淫秽物品或淫秽信息的行为侵犯的客体是社会管理秩序和良好的社会风尚。淫秽物品或者淫秽信息中涉及未成年人的，本次修订明确要从重处罚。另外，情节严重的，可能触犯《刑法》中传播淫秽物品罪，从中牟利的可能触犯传播淫秽物品牟利罪。 **关联法规** 《刑法》第 363、366 条；《娱乐场所管理条例》第 13、14、18 条；《出版管理条例》第 25、26、62 条
第六十九条　有下列行为之一的，处十日以上十五日以下拘留，并处**五百元以上一千元**以下罚款： （一）组织播放淫秽音像的； （二）组织或者进行淫秽表演的； （三）参与聚众淫乱活动的。 明知他人从事前款活动，为其提供条件的，依	**第八十一条**　有下列行为之一的，处十日以上十五日以下拘留，并处**一千元以上二千元**以下罚款： （一）组织播放淫秽音像的； （二）组织或者进行淫秽表演的； （三）参与聚众淫乱活动的。 明知他人从事前款活	本条为对组织、参与淫秽活动行为的处罚的规定。 组织播放淫秽音像的行为可以在公民住宅里实施，也可以在公共场所或单位里实施。行为人不是出于牟利的目的，至于出于何种动机，不影响本行为的成立。 进行淫秽表演，是指表演人员被组织者纠集、招募、雇佣或者未经组织而独立进行脱衣舞、裸体舞或者

续表

2012 年《中华人民共和国治安管理处罚法》	2025 年《中华人民共和国治安管理处罚法》	重点解读
照前款的规定处罚。	动，为其提供条件的，依照前款的规定处罚。 **组织未成年人从事第一款活动的，从重处罚。**	性交动作等败坏社会风尚、有伤风化的表演。 参与聚众淫乱活动，是指参加多人进行的奸淫、猥亵等淫乱活动。本行为处罚的对象是参与聚众淫乱活动的参加者，行为人参与聚众淫乱活动的次数一般不能超过三次，如果超过则构成犯罪。对于组织者，只要有组织行为即构成了犯罪。 此外，为加大保护未成年人的力度，本次修订新规定，组织未成年人从事第 1 款活动的从重处罚。 **关联法规** 《刑法》第 301、364、365 条
第七十条 以营利为目的，为赌博提供条件的，或者参与赌博赌资较大的，处五日以下拘留或者**五百元**以下罚款；情节严重的，处十日以上十五日以下拘留，并处**五百元**以上**三千元**以下罚款。	**第八十二条** 以营利为目的，为赌博提供条件的，或者参与赌博赌资较大的，处五日以下拘留或者**一千元**以下罚款；情节严重的，处十日以上十五日以下拘留，并处**一千元**以上**五千元**以下罚款。	本条对参与赌博行为的处罚进行了规定。 本条规定了两种参与赌博行为的类型：一是以营利为目的，为赌博提供条件；二是参与赌博赌资较大的，即行为人本人参加赌博，且赌资较大。随着科技的发展，赌博的形式也越来越多，如百家乐、地下六合彩、网络赌博等。赌博财物的交付一般为当场交付，有的是事后

续表

2012 年《中华人民共和国治安管理处罚法》	2025 年《中华人民共和国治安管理处罚法》	重点解读
		交付，行为人采取哪种方式赌博或交付财物不影响赌博行为的成立。 **关联法规** 《刑法》第 303 条；《娱乐场所管理条例》第 14、19 条
第七十一条 有下列行为之一的，处十日以上十五日以下拘留，可以并处**三千元**以下罚款；情节较轻的，处五日以下拘留或者**五百元**以下罚款： （一）非法种植罂粟不满五百株或者其他少量毒品原植物的； （二）非法买卖、运输、携带、持有少量未经灭活的罂粟等毒品原植物种子或者幼苗的； （三）非法运输、买卖、储存、使用少量罂粟壳的。 有前款第一项行为，在成熟前自行铲除的，不予处罚。	**第八十三条** 有下列行为之一的，处十日以上十五日以下拘留，可以并处**五千元**以下罚款；情节较轻的，处五日以下拘留或者**一千元**以下罚款： （一）非法种植罂粟不满五百株或者其他少量毒品原植物的； （二）非法买卖、运输、携带、持有少量未经灭活的罂粟等毒品原植物种子或者幼苗的； （三）非法运输、买卖、储存、使用少量罂粟壳的。 有前款第一项行为，在成熟前自行铲除的，不予处罚。	本条为对涉及毒品原植物行为的处罚的规定。 本条规定了针对毒品原植物进行违法活动的行为。与《刑法》中规定的犯罪行为不同之处在于数量少，不构成刑事处罚。 本条第 3 项规定的行为侵犯的客体是国家麻醉药品的管理，侵害对象是人的身体健康。罂粟壳，俗称大烟壳，含有吗啡，食用后可使人体产生依赖性，造成瘾癖，对人体产生一定的毒害作用。本行为在客观方面表现为非法运输、买卖、储存、使用少量罂粟壳。 **关联法规** 《刑法》第 347、348 条；《禁毒法》第 19 条
第七十二条 有下列行为之一的，处十日以上十五日以下拘留，可以并	**第八十四条** 有下列行为之一的，处十日以上十五日以下拘留，可以并	本条是对涉毒违法行为的处罚的规定。 本次修订新增关于公安

续表

2012 年《中华人民共和国治安管理处罚法》	2025 年《中华人民共和国治安管理处罚法》	重点解读
处二千元以下罚款；情节较轻的，处五日以下拘留或者五百元以下罚款： （一）非法持有鸦片不满二百克、海洛因或者甲基苯丙胺不满十克或者其他少量毒品的； （二）向他人提供毒品的； （三）吸食、注射毒品的； （四）胁迫、欺骗医务人员开具麻醉药品、精神药品的。	处三千元以下罚款；情节较轻的，处五日以下拘留或者一千元以下罚款： （一）非法持有鸦片不满二百克、海洛因或者甲基苯丙胺不满十克或者其他少量毒品的； （二）向他人提供毒品的； （三）吸食、注射毒品的； （四）胁迫、欺骗医务人员开具麻醉药品、精神药品的。 **聚众、组织吸食、注射毒品的，对首要分子、组织者依照前款的规定从重处罚。** **吸食、注射毒品的，可以同时责令其六个月至一年以内不得进入娱乐场所、不得擅自接触涉及毒品违法犯罪人员。违反规定的，处五日以下拘留或者一千元以下罚款。**	机关可以责令吸食、注射毒品的行为人其 6 个月至 1 年内不得进入娱乐场所、不得擅自接触涉及毒品违法犯罪人员的规定，旨在实现与有关法律法规的衔接。如《娱乐场所管理条例》第 5 条第 3 项规定“因吸食、注射毒品曾被强制戒毒的”不得开办娱乐场所或者在娱乐场所内从业。 **关联法规** 《刑法》第 348、356 条；《预防未成年人犯罪法》第 38 条
第七十三条 教唆、引诱、欺骗他人吸食、注射毒品的，处十日以上十	**第八十五条 引诱、**教唆、欺骗**或者强迫**他人吸食、注射毒品的，处十	本条是对引诱、教唆、欺骗或强迫他人吸食、注射毒品行为的处罚的规定。

续表

2012年《中华人民共和国治安管理处罚法》	2025年《中华人民共和国治安管理处罚法》	重点解读
五日以下拘留，并处**五百元以上二千元**以下罚款。	日以上十五日以下拘留，并处**一千元**以上**五千元**以下罚款。 **容留他人吸食、注射毒品或者介绍买卖毒品的，处十日以上十五日以下拘留，可以并处三千元以下罚款；情节较轻的，处五日以下拘留或者一千元以下罚款。**	本行为侵犯的客体是他人的身心健康和国家对毒品的管理制度。“引诱、教唆”，是指通过向他人介绍吸食毒品后的感受与体验，示范吸毒的方法，或者对他人进行蛊惑，从而促使他人吸收、注射毒品的行为。“欺骗”，是指在他人不知情的情况下，给他人吸食、注射毒品的行为。本行为是选择性的，对于引诱、教唆、欺骗他人吸食、注射的行为人，并不要求以牟利为目的。 本条第2款新增了关于容留他人吸毒或介绍买卖毒品的处罚规定。 **关联法规** 《刑法》第353条
	第八十六条　违反国家规定，非法生产、经营、购买、运输用于制造毒品的原料、配剂的，处十日以上十五日以下拘留；情节较轻的，处五日以上十日以下拘留。	本条为对非法涉毒原料行为的处罚的规定。 本条是本次修订新增的内容。非法涉毒原料行为给制造毒品提供了便利，对这些行为进行处罚，有利于从源头上打击毒品违法犯罪。 **关联法规** 《刑法》第144条

续表

2012 年《中华人民共和国治安管理处罚法》	2025 年《中华人民共和国治安管理处罚法》	重点解读
第七十四条 旅馆业、饮食服务业、文化娱乐业、出租汽车业等单位的人员，在公安机关查处吸毒、赌博、卖淫、嫖娼活动时，为违法犯罪行为人通风报信的，处十日以上十五日以下拘留。	**第八十七条** 旅馆业、饮食服务业、文化娱乐业、出租汽车业等单位的人员，在公安机关查处吸毒、赌博、卖淫、嫖娼活动时，为违法犯罪行为人通风报信的，**或者以其他方式为上述活动提供条件的**，处十日以上十五日以下拘留；**情节较轻的，处五日以下拘留或者一千元以上二千元以下罚款。**	本条对服务行业人员通风报信行为的处罚进行了规定。 服务行业人员通风报信行为侵犯的客体是公安机关的执法活动。本条规定公安机关查处的违法行为的范围具有特定性。本条所说的“通风报信”，包括各种传递消息的方法和手段，如通过打电话、发送短信息、传呼信号和事先约定的各种联系暗号等，在主观方面表现为故意。 **关联法规** 《刑法》第 362 条；《娱乐场所管理条例》第 13、14、53 条
第五十八条 违反关于社会生活噪声污染防治的法律规定，**制造**噪声干扰他人正常生活的~~，处警告；警告后不改正的，处二百元以上五百元以下罚款~~。	**第八十八条** 违反关于社会生活噪声污染防治的法律**法规**规定，**产生社会生活**噪声，**经基层群众性自治组织、业主委员会、物业服务人、有关部门依法劝阻、调解和处理未能制止，继续**干扰他人正常生活、**工作和学习的，处五日以下拘留或者一千元以下罚款；情节严重的，处五日以上十日以下拘留，可以并处一千元以下罚款。**	本条是关于对生活噪声持续干扰他人行为的处罚的规定。 本行为侵犯的客体是他人正常的生活秩序和国家对噪声污染防治的管理制度。本条对制造生活噪声的行为进行处罚，应同时具备两个条件：一是违反关于社会生活噪声污染防治的法律规定；二是依法劝阻、调解和处理未能被制止，持续干扰他人。 **关联法规** 《噪声污染防治法》第 59 条

续表

2012 年《中华人民共和国治安管理处罚法》	2025 年《中华人民共和国治安管理处罚法》	重点解读
第七十五条　饲养动物，干扰他人正常生活的，处警告；警告后不改正的，或者放任动物恐吓他人的，处~~二百元以上~~**五百元**以下罚款。 驱使动物伤害他人的，依照本法**第四十三条第一款**的规定处罚。 ~~**第七十六条**　有本法第六十七条、第六十八条、第七十条的行为，屡教不改的，可以按照国家规定采取强制性教育措施。~~	**第八十九条**　饲养动物，干扰他人正常生活的，处警告；警告后不改正的，或者放任动物恐吓他人的，处**一千元**以下罚款。 **违反有关法律、法规、规章规定，出售、饲养烈性犬等危险动物的，处警告；警告后不改正的，或者致使动物伤害他人的，处五日以下拘留或者一千元以下罚款；情节较重的，处五日以上十日以下拘留。** **未对动物采取安全措施，致使动物伤害他人的，处一千元以下罚款；情节较重的，处五日以上十日以下拘留。** 驱使动物伤害他人的，依照本法**第五十一条**的规定处罚。	本条规定了对饲养动物违法行为的处罚。 本行为侵犯的客体是社会管理秩序和公民的人身权利，本法修订加强了与《民法典》的衔接，规定未对动物采取安全措施，致使动物伤害他人的还应当承担治安责任。未对动物采取安全措施，包括放任动物恐吓他人，是指动物的主人或者饲养人员对所养的动物不加以一定的约束，对其恐吓他人的情形持放任、沉默、不管不问的态度等，对他人造成精神上的惊吓。 **关联法规** 《民法典》第 1245、1246 条
第四章　处罚程序	第四章　处罚程序	
第一节　调　　查	第一节　调　　查	
第七十七条　公安机关对报案、控告、举报或者违反治安管理行为人主	**第九十条**　公安机关对报案、控告、举报或者违反治安管理行为人主动	本条为对治安管理立案调查及处理程序的规定。 本条对公民、法人和其

续表

2012 年《中华人民共和国治安管理处罚法》	2025 年《中华人民共和国治安管理处罚法》	重点解读
动投案，以及其他**行政主管部门、司法机关**移送的违反治安管理案件，**应当及时受理，并进行登记。** 第七十八条　公安机关受理报案、控告、举报、投案后，认为属于违反治安管理行为的，应当立即进行调查；认为不属于违反治安管理行为的，应当告知报案人、控告人、举报人、投案人，并说明理由。	投案，以及其他**国家机关**移送的违反治安管理案件，应当立即**立案并**进行调查；认为不属于违反治安管理行为的，应当告知报案人、控告人、举报人、投案人，并说明理由。	他组织报案、控告、举报、投案以及其他行政主管部门、监察机关、司法机关等相关国家机关移送的治安案件的受理和登记作了明确规定，并明确公安机关的告知义务。 **关联法规** 《公安机关办理行政案件程序规定》第 60~65 条
第七十九条　公安机关及其人民警察对治安案件的调查，应当依法进行。严禁刑讯逼供或者采用威胁、引诱、欺骗等非法手段收集证据。 以非法手段收集的证据不得作为处罚的根据。	**第九十一条**　公安机关及其人民警察对治安案件的调查，应当依法进行。严禁刑讯逼供或者采用威胁、引诱、欺骗等非法手段收集证据。 以非法手段收集的证据不得作为处罚的根据。	本条是关于公安机关调查案件、收集证据的基本原则。调查取证，是指公安机关及其人民警察为查明案情、查获违反治安管理行为人、收集证据而进行的专门活动。刑讯逼供，是指办案人员采用肉刑或变相肉刑乃至精神刑等残酷的方式折磨被讯问人的肉体或精神，以获取其供述的一种恶劣的审讯方法。以非法手段收集的证据不得作为处罚的根据，如果依据这类证据对当事人作出治安管理处罚，该处罚决定无效。

续表

2012 年《中华人民共和国治安管理处罚法》	2025 年《中华人民共和国治安管理处罚法》	重点解读
		关联法规 《行政处罚法》第 40 条；《刑事诉讼法》第 52 条；《人民警察法》第 22 条；《公安机关办理行政案件程序规定》第 27 条
	第九十二条　公安机关办理治安案件，有权向有关单位和个人收集、调取证据。有关单位和个人应当如实提供证据。 **公安机关向有关单位和个人收集、调取证据时，应当告知其必须如实提供证据，以及伪造、隐匿、毁灭证据或者提供虚假证言应当承担的法律责任。**	本条规定了公安机关的调查取证权及相关主体证据提供的义务。 本条是新增的内容。调查取证，是指公安机关为了查明案件事实的需要，向有关单位、个人进行调查、收集证据。调查取证由具有执法资格的办案人员实施。公安机关调查取证时，有关单位和个人需予以配合。当事人或者有关人员应如实回答询问，并协助调查取证，不得拒绝和阻挠。有关单位和个人不得伪造、隐匿、毁灭证据，不能提供虚假证言，不能妨害执法办案，否则将承担法律责任。 **关联法规** 《行政处罚法》第 54 条；《反电信网络诈骗法》第 26 条；《公安机关办理行政案件程序规定》第 28 条

续表

2012年《中华人民共和国治安管理处罚法》	2025年《中华人民共和国治安管理处罚法》	重点解读
	第九十三条　在办理刑事案件过程中以及其他执法办案机关在移送案件前依法收集的物证、书证、视听资料、电子数据等证据材料，可以作为治安案件的证据使用。	本条为对移送案件的证据使用的规定。 证据制度是治安管理处罚的重点，对于保证治安案件办理质量、正确量罚具有关键作用。本条是新增的内容，一定程度上借鉴了《刑事诉讼法》的规定，其54条第2款规定：“行政机关在行政执法和查办案件过程中收集的物证、书证、视听资料、电子数据等证据材料，在刑事诉讼中可以作为证据使用。” **关联法规** 《刑事诉讼法》第43条；《监察法》第18条
第八十条　公安机关及其人民警察在办理治安案件时，对涉及的国家秘密、商业秘密或者个人隐私，应当予以保密。	**第九十四条**　公安机关及其人民警察在办理治安案件时，对涉及的国家秘密、商业秘密、个人隐私**或者个人信息**，应当予以保密。	本条是关于公安机关及其人民警察保密义务。 在办理治安案件中，公安机关及人民警察往往更容易获知国家秘密、商业秘密、个人隐私和个人信息。而保守秘密或个人隐私是公安机关及人民警察的一项基本义务，这要求其严格保守秘密，不能失密泄密。

续表

2012 年《中华人民共和国治安管理处罚法》	2025 年《中华人民共和国治安管理处罚法》	重点解读
		关联法规 《行政处罚法》第 48、50 条;《行政复议法》第 36 条;《行政许可法》第 5 条
第八十一条　人民警察在办理治安案件过程中，遇有下列情形之一的，应当回避；违反治安管理行为人、被侵害人或者其法定代理人也有权要求他们回避： （一）是本案当事人或者当事人的近亲属的； （二）本人或者其近亲属与本案有利害关系的； （三）与本案当事人有其他关系，可能影响案件公正处理的。 人民警察的回避，由其所属的公安机关决定；公安机关负责人的回避，由上一级公安机关决定。	**第九十五条**　人民警察在办理治安案件过程中，遇有下列情形之一的，应当回避；违反治安管理行为人、被侵害人或者其法定代理人也有权要求他们回避： （一）是本案当事人或者当事人的近亲属的； （二）本人或者其近亲属与本案有利害关系的； （三）与本案当事人有其他关系，可能影响案件公正处理的。 人民警察的回避，由其所属的公安机关决定；公安机关负责人的回避，由上一级公安机关决定。	本条规定了人民警察在办理治安案件过程中需要回避的情形及决定程序。 本条第 1 款规定了三种人民警察在办理治安案件过程中应当回避的情形。“当事人的近亲属”，是指办理治安案件的人民警察是一方当事人的配偶、子女、父母、兄弟姐妹等近亲属。在这种情况下，办理治安案件的人民警察应回避。 本条第 2 款是关于人民警察回避的决定程序方面的规定。 关联法规 《行政处罚法》第 43 条;《道路交通安全法》第 83 条;《行政诉讼法》第 55 条;《公安机关办理行政案件程序规定》第 17~25 条
第八十二条　需要传唤违反治安管理行为人接受调查的，经公安机关办	**第九十六条**　需要传唤违反治安管理行为人接受调查的，经公安机关办	本条为对传唤程序及强制传唤的规定。 治安管理中的传唤，是

续表

2012 年《中华人民共和国治安管理处罚法》	2025 年《中华人民共和国治安管理处罚法》	重点解读
案部门负责人批准，使用传唤证传唤。对现场发现的违反治安管理行为人，人民警察经出示**工作证件**，可以口头传唤，但应当在询问笔录中注明。 公安机关应当将传唤的原因和依据告知被传唤人。对无正当理由不接受传唤或者逃避传唤的人，可以强制传唤。	案部门负责人批准，使用传唤证传唤。对现场发现的违反治安管理行为人，人民警察经出示**人民警察证**，可以口头传唤，但应当在询问笔录中注明。 公安机关应当将传唤的原因和依据告知被传唤人。对无正当理由不接受传唤或者逃避传唤的人，**经公安机关办案部门负责人批准，**可以强制传唤。	公安机关在办理治安案件过程中，通知违反治安管理行为人到公安机关或者其他指定地点接受调查的一种调查手段，在执法实践中经常被使用。传唤目的是为了询问违反治安管理行为人，查明案情，取得证据。根据本条的规定，传唤只适用于违反治安管理行为人，对被侵害人及其他证人不得适用传唤。 **关联法规** 《刑事诉讼法》第 119 条；《公安机关办理行政案件程序规定》第 67 条
第八十三条 对违反治安管理行为人，公安机关传唤后应当及时询问查证，询问查证的时间不得超过八小时；情况复杂，依照本法规定可能适用行政拘留处罚的，询问查证的时间不得超过二十四小时。 公安机关应当及时将传唤的原因和处所通知被传唤人家属。	**第九十七条** 对违反治安管理行为人，公安机关传唤后应当及时询问查证，询问查证的时间不得超过八小时；**涉案人数众多、违反治安管理行为人身份不明的，询问查证的时间不得超过十二小时；**情况复杂，依照本法规定可能适用行政拘留处罚的，询问查证的时间不得超过二十四小时。**在执法**	本条为对传唤后的询问查证要求的规定。 及时询问查证，是指人民警察不能在被询问人达到指定地点后使其长时间等待，也不能在其到达后不予理睬或拖延询问、在被传唤人达到询问地点后，公安机关应当在传唤证上记载其达到的时间，开始记录传唤开始的时间。

续表

2012年《中华人民共和国治安管理处罚法》	2025年《中华人民共和国治安管理处罚法》	重点解读
	办案场所询问违反治安管理行为人，应当全程同步录音录像。 公安机关应当及时将传唤的原因和处所通知被传唤人家属。 **询问查证期间，公安机关应当保证违反治安管理行为人的饮食、必要的休息时间等正当需求。**	关联法规 《刑事诉讼法》第119条；《人民警察使用警械和武器条例》第8条；《公安机关办理行政案件程序规定》第69～72条
第八十四条　询问笔录应当交被询问人核对；对没有阅读能力的，应当向其宣读。记载有遗漏或者差错的，被询问人可以提出补充或者更正。被询问人确认笔录无误后，应当签名或者盖章，询问的人民警察也应当在笔录上签名。 被询问人要求就被询问事项自行提供书面材料的，应当准许；必要时，人民警察也可以要求被询问人自行书写。 询问不满十六周岁的违反治安管理行为人，应当通知其父母或者其他监护人到场。	**第九十八条**　询问笔录应当交被询问人核对；对没有阅读能力的，应当向其宣读。记载有遗漏或者差错的，被询问人可以提出补充或者更正。被询问人确认笔录无误后，应当签名、盖章**或者按指印**，询问的人民警察也应当在笔录上签名。 被询问人要求就被询问事项自行提供书面材料的，应当准许；必要时，人民警察也可以要求被询问人自行书写。 询问不满十八周岁的违反治安管理行为人，应当通知其父母或者其他监护人到场；**其父母或者其他监护人不能到场的，也可以通知其他成年亲属，**	本条为对询问笔录制作及询问不满18周岁行为人的特别规定。 本条第1款是关于询问笔录应经被询问人核对和签名、盖章的规定。对违反治安管理行为人询问结束后，询问的人民警察应当将笔录交给被询问人核对。如果被询问人没有阅读能力，人民警察应当如实向其宣读。 本条第2款是关于违反治安管理行为人自行提供陈述的规定。一般情况下，询问笔录都由询问的人民警察制作，但是，如果违反治安管理行为人请求就询问事项自行提供书面材料，询问的人民警察应当准许，不得以相关理由或者借口拒绝、阻挠。

续表

2012年《中华人民共和国治安管理处罚法》	2025年《中华人民共和国治安管理处罚法》	重点解读
	所在学校、单位、居住地基层组织或者未成年人保护组织的代表等合适成年人到场，并将有关情况记录在案。确实无法通知或者通知后未到场的，应当在笔录中注明。	本条第3款是关于询问不满18周岁的违反治安管理行为人应当通知其父母、其他监护人或者相关代表到场的规定。为保护未成年人的合法权益，确保未成年人健康成长，在办理治安案件时有必要对未成年人予以特殊保护。 关联法规 《公安机关办理行政案件程序规定》第75、77、78条
第八十五条　人民警察询问被侵害人或者其他证人，可以到其所在单位或者住处进行；必要时，也可以通知其到公安机关提供证言。 人民警察在公安机关以外询问被侵害人或者其他证人，应当出示~~工作证件~~。 询问被侵害人或者其他证人，同时适用本法**第八十四条**的规定。	**第九十九条**　人民警察询问被侵害人或者其他证人，可以在**现场进行，也**可以到其所在单位、住处**或者其提出的地点进行**；必要时，也可以通知其到公安机关提供证言。 人民警察在公安机关以外询问被侵害人或者其他证人，应当出示**人民警察证**。 询问被侵害人或者其他证人，同时适用本法**第九十八条**的规定。	本条规定了对询问被害人及其他证人的程序规则。 根据本条第1款的规定，询问被侵害人或者其他证人，人民警察可以根据案件具体情况和被侵害人或者其他证人的情况确定询问地点。 本条第2款是关于在公安机关以外的地方询问被侵害人或者其他证人应当出示工作证件的规定。这主要是为了保护公民的合法权益，防止有人冒充人民警察，而使被侵害人或者其他证人受到伤害。 本条第3款是关于制作询问被侵害人或者其他证人笔录，以及询问未成年被侵

续表

2012 年《中华人民共和国治安管理处罚法》	2025 年《中华人民共和国治安管理处罚法》	重点解读
		害人或者其他证人的基本要求的规定。 关联法规 《公安机关办理行政案件程序规定》第 79 条
	第一百条　违反治安管理行为人、被侵害人或者其他证人在异地的，公安机关可以委托异地公安机关代为询问，也可以通过公安机关的视频系统远程询问。 **通过远程视频方式询问的，应当向被询问人宣读询问笔录，被询问人确认笔录无误后，询问的人民警察应当在笔录上注明。询问和宣读过程应当全程同步录音录像。**	本条是关于委托询问与远程视频询问的规定。 本条是新增的内容，具体分为两个内容：一是委托异地公安机关代为询问；二是通过远程视频询问。本条规定符合灵活办案的要求，也与互联网的兴起相适应。 关联法规 《公安机关办理行政案件程序规定》第 120 条
第八十六条　询问聋哑的违反治安管理行为人、被侵害人或者其他证人，应当有通晓手语的人提供帮助，并在笔录上注明。 询问不通晓当地通用的语言文字的违反治安管理行为人、被侵害人或者其他证人，应当配备翻译人员，并在笔录上注明。	**第一百零一条**　询问聋哑的违反治安管理行为人、被侵害人或者其他证人，应当有通晓手语**等交流方式**的人提供帮助，并在笔录上注明。 询问不通晓当地通用的语言文字的违反治安管理行为人、被侵害人或者其他证人，应当配备翻译	本条规定了询问的语言帮助。 此条款的适用对象仅限于“聋哑的违反治安管理行为人、被侵害人或者其他证人”，对于其他人如委托代理人则不适用。“当地通用的语言文字”，是指当地的国家权力机关和行政机关行使权力和履行职务时正式使

续表

2012 年《中华人民共和国治安管理处罚法》	2025 年《中华人民共和国治安管理处罚法》	重点解读
	人员，并在笔录上注明。	用的语言文字。为聋哑人和不通晓当地通用语言文字的人配备翻译人员，是公安机关的法定职责，也是聋哑人和不通晓当地语言文字的人的法定权利。 **关联法规** 《宪法》第 139 条；《刑事诉讼法》第 9 条；《公安机关办理行政案件程序规定》第 76 条
	第一百零二条　为了查明案件事实，确定违反治安管理行为人、被侵害人的某些特征、伤害情况或者生理状态，需要对其人身进行检查，提取或者采集肖像、指纹信息和血液、尿液等生物样本的，经公安机关办案部门负责人批准后进行。对已经提取、采集的信息或者样本，不得重复提取、采集。提取或者采集被侵害人的信息或者样本，应当征得被侵害人或者其监护人同意。	本条规定的是人身检查及生物样本采集的规则。 生物识别信息通过对个体生物特征的测量和分析，被用于身份验证或身份识别的数据。它利用人体固有的生物特征进行身份认证，有效防止了传统身份认证方式中可能存在的欺诈、盗用等问题。血液、尿液等作为一种常见的生物样本，在评估案件特征、相关当事人的伤害情况或者生理状态具有关键价值。提取或者采集被侵害人的信息或者样本，应当征得被侵害人同意。 **关联法规** 《出境入境管理法》第 7 条；《反恐怖主义法》第 50 条

续表

2012年《中华人民共和国治安管理处罚法》	2025年《中华人民共和国治安管理处罚法》	重点解读
第八十七条　公安机关对与违反治安管理行为有关的场所、物品、人身可以进行检查。检查时，人民警察不得少于二人，并应当出示**工作证件**~~和县级以上人民政府公安机关开具的检查证明文件~~。对确有必要立即进行检查的，人民警察经出示**工作证件**，可以当场检查，但检查公民住所应当出示县级以上人民政府公安机关开具的检查证**明文件**。 检查妇女的身体，应当由女性工作人员进行。	**第一百零三条**　公安机关对与违反治安管理行为有关的场所**或者违反治安管理行为人的人身、**物品可以进行检查。检查时，人民警察不得少于二人，并应当出示**人民警察证**。 **对场所进行检查的，经县级以上人民政府公安机关负责人批准，使用检查证检查**；对确有必要立即进行检查的，人民警察经出示**人民警察证**，可以当场检查，**并应当全程同步录音录像**。检查公民住所应当出示县级以上人民政府公安机关开具的检查证。 检查妇女的身体，应当由女性工作人员**或者医师**进行。	本条是对治安检查的权限与程序规则的规定。 本条第1款是关于公安对与违反治安管理行为有关的场所或者违反治安管理行为人的人身、物品有权进行检查的规定。“与违反治安管理行为有关的场所”，主要指违反治安管理行为发生现场即其他可能留有相关痕迹、物品等证据的地方。这里所说的与违反治安管理行为有关的场所不包括公民住所。 本条第2款是关于对场所进行检查的，须经县级以上人民政府公安机关负责人批准的规定。 本条第3款是关于对妇女进行人身检查的特别规定。检查妇女的身体，应当由女性工作人员或医生进行。检查人身特别是妇女的人身时，不得采用有辱人格的检查方式。 **关联法规** 《行政处罚法》第42条；《反间谍法》第28条；《未成年人保护法》第112条

续表

2012年《中华人民共和国治安管理处罚法》	2025年《中华人民共和国治安管理处罚法》	重点解读
第八十八条 检查的情况应当制作检查笔录，由检查人、被检查人和见证人签名或者盖章；被检查人拒绝签名的，人民警察应当在笔录上注明。	**第一百零四条** 检查的情况应当制作检查笔录，由检查人、被检查人和见证人签名、盖章**或者按指印**；被检查人**不在场或者被检查人、见证人**拒绝签名的，人民警察应当在笔录上注明。	本条为对检查笔录的制作及签名的规定。 检查笔录是法定的证据形式，要有相关人员的签章，主要是为了保证检查笔录的真实性和合法性。为此，执行检查的人民警察、被检查人和现场见证人，应当在检查笔录上签名、盖章或者捺指印。如果被检查人拒绝的，人民警察应当在笔录上注明。此处的见证人，是指执行检查任务的人民警察、被检查人以外的在检查现场或者临时被邀请到检查现场而亲身经历整个检查过程的与本案没有牵连的人。 **关联法规** 《行政诉讼法》第33条；《刑事诉讼法》第42条；《公安机关办理行政案件程序规定》第86条
第八十九条 公安机关办理治安案件，对与案件有关的需要作为证据的物品，可以扣押；对被侵害人或者善意第三人合法占有的财产，不得扣押，应当予以登记。对与案件	**第一百零五条** 公安机关办理治安案件，对与案件有关的需要作为证据的物品，可以扣押；对被侵害人或者善意第三人合法占有的财产，不得扣押，应当予以登记，**但是**	本条对扣押证据的范围、程序以及对扣押证据的处置作出了明确规定。 本条第3款是关于实施扣押前应当报经公安机关负责人批准的规定，是本次修订新增的内容。当情况紧急

续表

2012年《中华人民共和国治安管理处罚法》	2025年《中华人民共和国治安管理处罚法》	重点解读
无关的物品，不得扣押。 对扣押的物品，应当会同在场见证人和被扣押物品持有人查点清楚，当场开列清单一式二份，由调查人员、见证人和持有人签名或者盖章，一份交给持有人，另一份附卷备查。 对扣押的物品，应当妥善保管，不得挪作他用；对不宜长期保存的物品，按照有关规定处理。经查明与案件无关的~~，应当及时退还；~~经核实属于他人合法财产的，应当登记后立即退还；满六个月无人对该财产主张权利或者无法查清权利人的，应当公开拍卖或者按照国家有关规定处理，所得款项上缴国库。	**对其中与案件有关的必须鉴定的物品，可以扣押，鉴定后应当立即解除**。对与案件无关的物品，不得扣押。 对扣押的物品，应当会同在场见证人和被扣押物品持有人查点清楚，当场开列清单一式二份，由调查人员、见证人和持有人签名或者盖章，一份交给持有人，另一份附卷备查。 **实施扣押前应当报经公安机关负责人批准；因情况紧急或者物品价值不大，当场实施扣押的，人民警察应当及时向其所属公安机关负责人报告，并补办批准手续。公安机关负责人认为不应当扣押的，应当立即解除。当场实施扣押的，应当全程同步录音录像。** 对扣押的物品，应当妥善保管，不得挪作他用；对不宜长期保存的物品，按照有关规定处理。经查明与案件无关**或者**经核实属于**被侵害人或者**他	或物品价值不大且当场实施扣押的，人民警察应当及时向其所属公安机关负责人报告，并补办批准手续。 本条规定，当场实施扣押的，应当全程录音录像。 **关联法规** 《居民身份证法》第15条；《公安机关办理行政案件程序规定》第107、109、111条

续表

2012 年《中华人民共和国治安管理处罚法》	2025 年《中华人民共和国治安管理处罚法》	重点解读
	人合法财产的，应当登记后立即退还；满六个月无人对该财产主张权利或者无法查清权利人的，应当公开拍卖或者按照国家有关规定处理，所得款项上缴国库。	
第九十条 为了查明案情，需要解决案件中有争议的专门性问题的，应当指派或者聘请具有专门知识的人员进行鉴定；鉴定人鉴定后，应当写出鉴定意见，并且签名。	**第一百零六条** 为了查明案情，需要解决案件中有争议的专门性问题的，应当指派或者聘请具有专门知识的人员进行鉴定；鉴定人鉴定后，应当写出鉴定意见，并且签名。	本条为对治安管理案件鉴定的规定。 在办理治安案件中，鉴定是一种重要的调查手段。它对及时收集证据，准确揭露违法行为，正确认定案件事实，有着重要作用。鉴定由鉴定人进行，鉴定人可以由公安机关指派或聘任。鉴定人秉持中立、科学的精神进行鉴定，并给出书面的鉴定意见。 **关联法规** 《行政复议法》第 43 条；《公安机关鉴定机构登记管理办法》
	第一百零七条 **为了查明案情，人民警察可以让违反治安管理行为人、被侵害人和其他证人对与违反治安管理行为有关的场所、物品进行辨认，也**	本条为对治安案件辨认程序规则的规定。 辨认，是指公安机关为了查明案情，必要时让违反治安管理行为人、被侵害人、证人等对与违反治安管理行

续表

2012 年《中华人民共和国治安管理处罚法》	2025 年《中华人民共和国治安管理处罚法》	重点解读
	可以让被侵害人、其他证人对违反治安管理行为人进行辨认，或者让违反治安管理行为人对其他违反治安管理行为人进行辨认。 辨认应当制作辨认笔录，由人民警察和辨认人签名、盖章或者按指印。	为有关的场所、物品进行辨认进行辨认的一种调查行为。对物品的辨认，往往会有一定数量的陪衬物。此项措施借鉴了刑事诉讼中的辨认。 **关联法规** 《海警法》第 68 条
	第一百零八条　公安机关进行询问、辨认、勘验，实施行政强制措施等调查取证工作时，人民警察不得少于二人。 公安机关在规范设置、严格管理的执法办案场所进行询问、扣押、辨认的，或者进行调解的，可以由一名人民警察进行。 依照前款规定由一名人民警察进行询问、扣押、辨认、调解的，应当全程同步录音录像。未按规定全程同步录音录像或者录音录像资料损毁、丢失的，相关证据不能作为处罚的根据。	本条是新增条文，是关于执法人员及同步录音录像的规定。 第 1 款规定了严格调查取证工作时，人民警察不少于 2 人。 第 2 款规定在严格管理的执法场所进行询问、扣押、辨认和对当事人进行调解，可以由 1 名民警进行。 第 3 款将“全程同步录音录像”作为必要条件，不仅落实了《行政处罚法》第 47 条全程执法记录的工作要求，也强化了民警一人执法情形的监督。 **关联法规** 《行政处罚法》第 47 条；《公安机关办理行政案件程序规定》第 52 条

续表

2012年《中华人民共和国治安管理处罚法》	2025年《中华人民共和国治安管理处罚法》	重点解读
第二节 决 定	第二节 决 定	
第九十一条 治安管理处罚由县级以上人民政府公安机关决定；其中警告、**五百元**以下的罚款可以由公安派出所决定。	**第一百零九条** 治安管理处罚由县级以上**地方**人民政府公安机关决定；其中警告、**一千元**以下的罚款，可以由公安派出所决定。	本条规定了治安管理处罚的决定机关。 与旧法相比，旧法是500元的罚款，本条的一个明显变化是公安派出所可以决定警告、1000元以下的罚款。 **关联法规** 《行政处罚法》第17条；《公安机关办理行政案件程序规定》第37~39条
第九十二条 对决定给予行政拘留处罚的人，在处罚前已经采取强制措施限制人身自由的时间，应当折抵。限制人身自由一日，折抵行政拘留一日。	**第一百一十条** 对决定给予行政拘留处罚的人，在处罚前已经采取强制措施限制人身自由的时间，应当折抵。限制人身自由一日，折抵行政拘留一日。	本条为对限制自由时间折抵拘留的规定。 本条对行政拘留前被采取强制措施限制人身自由的时间是否折抵行政拘留时间以及如何折抵问题作了明确规定，即对决定给予行政拘留处罚的人，在处罚前被采取强制措施限制人身自由的，限制人身自由的时间应当折抵行政拘留时间。限制人身自由1日，折抵行政拘留1日。 **关联法规** 《行政处罚法》第35条；《刑事诉讼法》第76条；《公安机关办理行政案件程序规定》第163条

续表

2012 年《中华人民共和国治安管理处罚法》	2025 年《中华人民共和国治安管理处罚法》	重点解读
第九十三条 公安机关查处治安案件，对没有本人陈述，但其他证据能够证明案件事实的，可以作出治安管理处罚决定。但是，只有本人陈述，没有其他证据证明的，不能作出治安管理处罚决定。	**第一百一十一条** 公安机关查处治安案件，对没有本人陈述，但其他证据能够证明案件事实的，可以作出治安管理处罚决定。但是，只有本人陈述，没有其他证据证明的，不能作出治安管理处罚决定。	本条是关于当事人陈述和其他相关证据关系的规定。查处治安管理处罚案件，应当重证据，重调查研究，不轻易根据陈述认定案件事实。这是以事实为依据，以法律为准绳原则的必然要求。 **关联法规** 《行政处罚法》第 46 条；《公安机关办理行政案件程序规定》第 167 条
第九十四条 公安机关作出治安管理处罚决定前，应当告知违反治安管理行为人作出治安管理处罚的事实、理由及依据，并告知违反治安管理行为人依法享有的权利。 违反治安管理行为人有权陈述和申辩。公安机关必须充分听取违反治安管理行为人的意见，对违反治安管理行为人提出的事实、理由和证据，应当进行复核；违反治安管理行为人提出的事实、理由或者证据成立的，公安机关应当采纳。	**第一百一十二条** 公安机关作出治安管理处罚决定前，应当告知违反治安管理行为人拟作出治安管理处罚的**内容及**事实、理由、依据，并告知违反治安管理行为人依法享有的权利。 违反治安管理行为人有权陈述和申辩。公安机关必须充分听取违反治安管理行为人的意见，对违反治安管理行为人提出的事实、理由和证据，应当进行复核；违反治安管理行为人提出的事实、理由或者证据成立的，公安机关	本条是关于治安处罚告知与当事人的陈述、申辩权的规定。 本条第 1 款规定了公安机关拟作出治安管理处罚决定前要履行告知义务。法定的告知事项主要包括：作出治安管理处罚的内容、事实、理由、依据以及违反治安管理行为人依法所享有的权利。这是公安机关的法定义务，公安机关在作出治安管理处罚前必须履行告知义务。同时，这也是违反治安管理行为人的法定权利，违反治安管理行为人在被决定治安管理处罚前，依法享有

续表

2012 年《中华人民共和国治安管理处罚法》	2025 年《中华人民共和国治安管理处罚法》	重点解读
公安机关不得因违反治安管理行为人的陈述、申辩而加重处罚。	关应当采纳。 **违反治安管理行为人不满十八周岁的，还应当依照前两款的规定告知未成年人的父母或者其他监护人，充分听取其意见。** 公安机关不得因违反治安管理行为人的陈述、申辩而加重**其**处罚。	了解公安机关作出治安管理处罚的事实、理由、依据及自己依法享有权利的权利。 本条第 2 款规定了违反治安管理行为人在实施治安管理处罚过程中享有陈述权、申辩权，以切实保护被处罚人的权利。 本条第 3 款为新增内容，为保护未成年的权利，对于违反治安管理行为人不满 18 周岁的，还应当依照规定告知未成年人的父母或者其他监护人，充分听取其意见。 **关联法规** 《行政处罚法》第 5 条；《行政强制法》第 35～37 条；《公安机关办理行政案件程序规定》第 167～169 条
第九十五条 治安案件调查结束后，公安机关应当根据不同情况，分别作出以下处理： （一）确有依法应当给予治安管理处罚的违法行为的，根据情节轻重及具体情况，作出处罚决定；	**第一百一十三条** 治安案件调查结束后，公安机关应当根据不同情况，分别作出以下处理： （一）确有依法应当给予治安管理处罚的违法行为的，根据情节轻重及具体情况，作出处罚决定； （二）依法不予处罚	本条规定了治安案件处理的规则。 本条第 2 款为新增规定，规定对情节复杂或者重大违法行为给予治安管理处罚，公安机关负责人应当集体讨论决定。未经负责人集体讨论决定，可能会因程序违法而被撤销。集体讨论决

续表

2012年《中华人民共和国治安管理处罚法》	2025年《中华人民共和国治安管理处罚法》	重点解读
（二）依法不予处罚的，或者违法事实不能成立的，作出不予处罚决定； （三）违法行为已涉嫌犯罪的，移送主管机关依法追究刑事责任； （四）发现违反治安管理行为人有其他违法行为的，在对违反治安管理行为作出处罚决定的同时，通知有关行政主管部门处理。	的，或者违法事实不能成立的，作出不予处罚决定； （三）违法行为已涉嫌犯罪的，移送**有关**主管机关依法追究刑事责任； （四）发现违反治安管理行为人有其他违法行为的，在对违反治安管理行为作出处罚决定的同时，通知**或者移送**有关主管机关处理。 **对情节复杂或者重大违法行为给予治安管理处罚，公安机关负责人应当集体讨论决定。**	定的内容包括程序与实体两个方面。程序方面包括调查程序是否合法，有无超过法定期限，有无保障当事人陈述、申辩及听证权利；实体方面包括对违法事实的认定是否清楚，定性是否准确，法律依据是否充分，处罚意见是否适当等。讨论实行少数服从多数原则。 关联法规 《行政处罚法》第57条
	第一百一十四条　有下列情形之一的，在公安机关作出治安管理处罚决定之前，应当由从事治安管理处罚决定法制审核的人员进行法制审核；未经法制审核或者审核未通过的，不得作出决定： **（一）涉及重大公共利益的；** **（二）直接关系当事人或者第三人重大权益，经过听证程序的；** **（三）案件情况疑难复杂、涉及多个法律关系的。**	本条为对法制审核情形及人员资格的规定，为本次修订新增的内容。 行政处罚决定法制审核制度重在合法行政，要义在于通过推进专业化，既实现内部职能分离与互相监督，又提高行政效率，规范行政处罚行为，确保行政处罚行为合法。本次修订规定的治安管理处罚决定法制审核，限于涉及重大公共利益，直接关系当事人或者第三人重大权益、经过听证程序的，案件情况疑难复杂、涉及多个法律关系的，等等。

续表

2012 年《中华人民共和国治安管理处罚法》	2025 年《中华人民共和国治安管理处罚法》	重点解读
	公安机关中初次从事治安管理处罚决定法制审核的人员，应当通过国家统一法律职业资格考试取得法律职业资格。	关联法规 《行政处罚法》第 58 条；《优化营商环境条例》第 58 条；《公安机关办理行政案件程序规定》第 172 条
第九十六条 公安机关作出治安管理处罚决定的，应当制作治安管理处罚决定书。决定书应当载明下列内容： （一）被处罚人的姓名、性别、年龄、身份证件的名称和号码、住址； （二）违法事实和证据； （三）处罚的种类和依据； （四）处罚的执行方式和期限； （五）对处罚决定不服，申请行政复议、提起行政诉讼的途径和期限； （六）作出处罚决定的公安机关的名称和作出决定的日期。 决定书应当由作出处罚决定的公安机关加盖印章。	**第一百一十五条** 公安机关作出治安管理处罚决定的，应当制作治安管理处罚决定书。决定书应当载明下列内容： （一）被处罚人的姓名、性别、年龄、身份证件的名称和号码、住址； （二）违法事实和证据； （三）处罚的种类和依据； （四）处罚的执行方式和期限； （五）对处罚决定不服，申请行政复议、提起行政诉讼的途径和期限； （六）作出处罚决定的公安机关的名称和作出决定的日期。 决定书应当由作出处罚决定的公安机关加盖印章。	本条是关于处罚决定书内容的规定。 根据本条的规定，公安机关依法作出治安管理处罚决定后，应当制作治安管理处罚决定书。治安管理处罚决定书是公安机关作出治安管理处罚决定具有法律效力的表现形式，对违反治安管理行为人具有约束力，必须依法履行。同时，也为被处罚人、被侵害人不服公安机关作出的处罚决定而依法申请行政复议、提起行政诉讼提供了依据。 关联法规 《行政处罚法》第 59 条；《公安机关办理行政案件程序规定》第 175 条

续表

2012年《中华人民共和国治安管理处罚法》	2025年《中华人民共和国治安管理处罚法》	重点解读
第九十七条 公安机关应当向被处罚人宣告治安管理处罚决定书，并当场交付被处罚人；无法当场向被处罚人宣告的，应当在二日内送达被处罚人。决定给予行政拘留处罚的，应当及时通知被处罚人的家属。 有被侵害人的，公安机关应当将决定书副本抄送被侵害人。	**第一百一十六条** 公安机关应当向被处罚人宣告治安管理处罚决定书，并当场交付被处罚人；无法当场向被处罚人宣告的，应当在二日以内送达被处罚人。决定给予行政拘留处罚的，应当及时通知被处罚人的家属。 有被侵害人的，公安机关应当将决定书送达被侵害人。	本条为对治安处罚决定书的宣告与送达的规定。 本条第1款规定，送达是公安机关按照法定的程序和方式，将依法制作的治安管理处罚决定书送交被处罚人、被侵害人的一种程序。将违反治安管理行为人所受到的治安管理处罚，通过宣告、送达等方式告知违反治安管理行为人，不仅使被处罚人知晓自己所受到的处罚情况，而且便于其依法履行治安管理处罚决定，同时也为被处罚人因不服处罚而申请法律救济提供了条件。 按照本条第2款的规定，决定给予行政拘留处罚的，应当及时通知被处罚人的家属。另外，文书的送达可适当参照《民事诉讼法》有关送达的规定执行。 **关联法规** 《行政处罚法》第61条；《公安机关办理行政案件程序规定》第176条

续表

2012 年《中华人民共和国治安管理处罚法》	2025 年《中华人民共和国治安管理处罚法》	重点解读
第九十八条 公安机关作出吊销许可证~~以及~~处**二千元**以上罚款的治安管理处罚决定前，应当告知违反治安管理行为人有权要求举行听证；违反治安管理行为人要求听证的，公安机关应当及时依法举行听证。	**第一百一十七条** 公安机关作出吊销许可证件、处**四千元**以上罚款的治安管理处罚决定**或者采取责令停业整顿措施**前，应当告知违反治安管理行为人有权要求举行听证；违反治安管理行为人要求听证的，公安机关应当及时依法举行听证。 **对依照本法第二十三条第二款规定可能执行行政拘留的未成年人，公安机关应当告知未成年人和其监护人有权要求举行听证；未成年人和其监护人要求听证的，公安机关应当及时依法举行听证。对未成年人案件的听证不公开举行。** **前两款规定以外的案情复杂或者具有重大社会影响的案件，违反治安管理行为人要求听证，公安机关认为必要的，应当及时依法举行听证。** **公安机关不得因违反治安管理行为人要求听证而加重其处罚。**	本条为关于听证的适用情形及程序要求的规定。 本次修订对本条规定的听证范围进行了扩展。为适应办案实际需要，对公安机关办理治安案件中听证的适用范围和程序作了新规定。公安机关对未成年人作出行政拘留的治安管理处罚决定前，应当告知违反治安管理行为人和监护人有权要求举行听证，保障当事人的合法权益。除此之外，本条第 3 款规定，有其他案情复杂或者具有重大社会影响的案件，违反治安管理行为人要求听证，公安机关认为必要的，应当及时依法举行听证。 **关联法规** 《行政处罚法》第 63 条；《公安机关办理行政案件程序规定》第 123~153 条

续表

2012 年《中华人民共和国治安管理处罚法》	2025 年《中华人民共和国治安管理处罚法》	重点解读
第九十九条　公安机关办理治安案件的期限，自受理之日起不得超过三十日；案情重大、复杂的，经上一级公安机关批准，可以延长三十日。 为了查明案情进行鉴定的期间，不计入办理治安案件的期限。	**第一百一十八条**　公安机关办理治安案件的期限，自**立案**之日起不得超过三十日；案情重大、复杂的，经上一级公安机关批准，可以延长三十日。**期限延长以二次为限。公安派出所办理的案件需要延长期限的，由所属公安机关批准。** 为了查明案情进行鉴定的期间**、听证的期间**，不计入办理治安案件的期限。	本条为对办案期限的规定。 本条第 1 款是关于公安机关办理治安案件期限的规定。本条中的办理治安案件的期限，是指公安机关在受理治安案件后，对治安案件进行调查直至作出处理决定的最长时间限期，即从立案之日起到依法作出决定之日止。 本条第 2 款是关于鉴定、听证时间不计入治安案件办案期限的规定，公安机关在办理案件过程中，为了查明案情需要对一些专门问题进行鉴定和听证，鉴定和听证必然需要一定的时间才能得出结论。由于鉴定涉及的专业问题不同，其得出鉴定结论的时间也不同。 **关联法规** 《行政处罚法》第 60 条；《公安机关执行〈中华人民共和国治安管理处罚法〉有关问题的解释》第 12 条；《公安机关办理行政案件程序规定》第 165 条

续表

2012年《中华人民共和国治安管理处罚法》	2025年《中华人民共和国治安管理处罚法》	重点解读
第一百条 违反治安管理行为事实清楚，证据确凿，处警告或者**二百元**以下罚款的，可以当场作出治安管理处罚决定。	**第一百一十九条** 违反治安管理行为事实清楚，证据确凿，处警告或者**五百元**以下罚款的，可以当场作出治安管理处罚决定。	本条规定了当场处罚的条件，为了提高办案效率，保证及时处理治安案件，本法对当场处罚违反治安管理行为的程序作了明确规定。 **关联法规** 《行政处罚法》第51条；《公安机关办理行政案件程序规定》第37条
第一百零一条 当场作出治安管理处罚决定的，人民警察应当向违反治安管理行为人出示**工作证件**，并填写处罚决定书。处罚决定书应当当场交付被处罚人；有被侵害人的，并将决定书**副本抄送**被侵害人。 前款规定的处罚决定书，应当载明被处罚人的姓名、违法行为、处罚依据、罚款数额、时间、地点以及公安机关名称，并由经办的人民警察签名或者盖章。 当场作出治安管理处罚决定的，经办的人民警	**第一百二十条** 当场作出治安管理处罚决定的，人民警察应当向违反治安管理行为人出示**人民警察证**，并填写处罚决定书。处罚决定书应当当场交付被处罚人；有被侵害人的，并**应当**将决定书**送达**被侵害人。 前款规定的处罚决定书，应当载明被处罚人的姓名、违法行为、处罚依据、罚款数额、时间、地点以及公安机关名称，并由经办的人民警察签名或者盖章。 **适用当场处罚，被处罚人对拟作出治安管理处**	本条规定了当场处罚决定的程序。 依照本条新增的第2款的规定，由一名人民警察作出治安管理处罚决定的，应当全程同步录音录像。 本条第2款规定，人民警察当场作出治安管理处罚的，应当向违反治安管理行为人出示人民警察证，表明自己的执法身份，向被处罚人证明处罚主体的合法性。 本条第3款在作出当场处罚决定前，人民警察应当告知违反治安管理行为人拟作出治安管理处罚的事实、理由、依据及其依法享有的申辩、陈述、行政复议、行

续表

2012 年《中华人民共和国治安管理处罚法》	2025 年《中华人民共和国治安管理处罚法》	重点解读
察应当在二十四小时内报所属公安机关备案。	**罚的内容及事实、理由、依据没有异议的，可以由一名人民警察作出治安管理处罚决定，并应当全程同步录音录像。** 当场作出治安管理处罚决定的，经办的人民警察应当在二十四小时以内报所属公安机关备案。	政诉讼等权利，不能因为是简易程序而不履行告知义务。 关联法规 《行政处罚法》第 52 条；《公安机关办理行政案件程序规定》第 38 条
第一百零二条　被处罚人对治安管理处罚决定不服的，可以依法申请行政复议或者提起行政诉讼。	**第一百二十一条**　被处罚人、**被侵害人**对**公安机关依照本法规定作出的**治安管理处罚决定，**作出的收缴、追缴决定，或者采取的有关限制性、禁止性措施等**不服的，可以依法申请行政复议或者提起行政诉讼。	本条为对不服治安处罚的救济途径的规定。 关联法规 《行政处罚法》第 7 条；《公安机关办理行政案件程序规定》
第三节　执　　行	第三节　执　　行	
第一百零三条　对被决定给予行政拘留处罚的人，由作出决定的公安机关送达拘留所执行。	**第一百二十二条**　对被决定给予行政拘留处罚的人，由作出决定的公安机关送拘留所执行；**执行期满，拘留所应当按时解除拘留，发给解除拘留证明书。** **被决定给予行政拘留**	本条对行政拘留处罚的执行进行了规定。 本法第 1 款规定了由依法对被处罚人作出行政拘留处罚的公安机关负责将被决定行政拘留的人送到拘留所交付执行，拘留所依法办理入所手续，接受被处罚人后，

续表

2012年《中华人民共和国治安管理处罚法》	2025年《中华人民共和国治安管理处罚法》	重点解读
	处罚的人在异地被抓获或者有其他有必要在异地拘留所执行情形的，经异地拘留所主管公安机关批准，可以在异地执行。	才算送达。 本法第2款新增了关于异地执行行政拘留处罚的规定，异地执行，是创新完善异地执法协作机制，能拓宽异地代为执行范围面，有助于推进警务协作长效运转，打造跨区域治安管理法治共同体。 **关联法规** 《公安机关执行〈中华人民共和国治安管理处罚法〉有关问题的解释》第13条；《公安机关办理行政案件程序规定》第164条
第一百零四条 受到罚款处罚的人应当自收到处罚决定书之日起十五日内，到指定的银行缴纳罚款。但是，有下列情形之一的，人民警察可以当场收缴罚款： （一）被处**五十元**以下罚款，被处罚人对罚款无异议的； （二）在边远、水上、交通不便地区，公安机关及其人民警察依照本	**第一百二十三条** 受到罚款处罚的人应当自收到处罚决定书之日起十五日**以**内，到指定的银行**或者通过电子支付系统**缴纳罚款。但是，有下列情形之一的，人民警察可以当场收缴罚款： （一）被处**二百元**以下罚款，被处罚人对罚款无异议的； （二）在边远、水上、交通不便地区，**旅客**	本条为对罚款处罚的执行与当场收缴规则的规定。 根据本条的规定，罚款的缴纳可分为下列两种方式： （1）被处罚人自行到指定的银行或者通过电子支付系统缴纳； （2）人民警察当场收缴罚款。指定的银行或者通过电子支付系统，是受公安机关指定并与公安机关签订了收缴罚款协议的银行和电子

续表

2012 年《中华人民共和国治安管理处罚法》	2025 年《中华人民共和国治安管理处罚法》	重点解读
法的规定作出罚款决定后，被处罚人向指定的银行缴纳罚款确有困难，经被处罚人提出的； （三）被处罚人在当地没有固定住所，不当场收缴事后难以执行的。	**列车上或者口岸，**公安机关及其人民警察依照本法的规定作出罚款决定后，被处罚人**到**指定的银行**或者通过电子支付系统**缴纳罚款确有困难，经被处罚人提出的； （三）被处罚人在当地没有固定住所，不当场收缴事后难以执行的。	支付系统。 **关联法规** 《行政处罚法》第 66 条；《公安机关办理行政案件程序规定》第 214 条
第一百零五条　人民警察当场收缴的罚款，应当自收缴罚款之日起二日内，交至所属的公安机关；在水上、旅客列车上当场收缴的罚款，应当自抵岸或者到站之日起二日内，交至所属的公安机关；公安机关应当自收到罚款之日起二日内将罚款缴付指定的银行。	**第一百二十四条**　人民警察当场收缴的罚款，应当自收缴罚款之日起二日**以**内，交至所属的公安机关；在水上、旅客列车上当场收缴的罚款，应当自抵岸或者到站之日起二日**以**内，交至所属的公安机关；公安机关应当自收到罚款之日起二日**以**内将罚款缴付指定的银行。	本条明确规定了人民警察当场收缴罚款的缴付程序和时限。 本法明确人民警察将当场收缴的罚款上交给其所隶属的公安机关，由公安机关将罚款缴付指定的银行，明确设定公安机关及其人民警察对当场收缴的罚款有及时上交和缴付的义务，确保人民警察当场收缴的罚款能够及时、全部上缴国库，防止国家利益因罚款流失而受损。 **关联法规** 《行政处罚法》第 69 条；《公安机关办理行政案件程序规定》第 216 条

续表

2012年《中华人民共和国治安管理处罚法》	2025年《中华人民共和国治安管理处罚法》	重点解读
第一百零六条 人民警察当场收缴罚款的，应当向被处罚人出具省~~、自治区、直辖~~市人民政府财政部门统一制发的**罚款收据**；不出具统一制发的**罚款收据**的，被处罚人有权拒绝缴纳罚款。	**第一百二十五条** 人民警察当场收缴罚款的，应当向被处罚人出具省**级以上**人民政府财政部门统一制发的**专用票据**；不出具统一制发的**专用票据**的，被处罚人有权拒绝缴纳罚款。	本条对当场收缴罚款的票据管理规则进行了规定。 本条规定主要是为了防止不开或者乱开罚款票据从而导致罚款不入账或者不上缴国库，防止滥罚款以及截留、挪用、贪污罚款，有助于促进廉政建设，提升公安机关及其人民警察的形象。 **关联法规** 《行政处罚法》第53条；《公安机关办理行政案件程序规定》第215条
第一百零七条 被处罚人不服行政拘留处罚决定，申请行政复议、提起行政诉讼的，可以向公安机关提出暂缓执行行政拘留的申请。公安机关认为暂缓执行行政拘留不致发生社会危险的，由被处罚人或者其近亲属提出符合本法**第一百零八条**规定条件的担保人，或者按每日行政拘留二百元的标准交纳保证金，行政拘留的处罚决定暂缓执行。	**第一百二十六条** 被处罚人不服行政拘留处罚决定，申请行政复议、提起行政诉讼的，**遇有参加升学考试、子女出生或者近亲属病危、死亡等情形的**，可以向公安机关提出暂缓执行行政拘留的申请。公安机关认为暂缓执行行政拘留不致发生社会危险的，由被处罚人或者其近亲属提出符合本法**第一百二十七条**规定条件的担保人，或者按每日行政拘留二百元的标准交纳保证金，行政拘留的处罚决	本条为对行政拘留暂缓执行的条件与程序的规定。 暂缓执行只限于行政拘留处罚，正是考虑到行政拘留处罚的严厉性及其不可恢复性，从更有利于保障公民的合法权益出发，作了暂缓执行行政拘留处罚的规定。虽然暂缓执行行政拘留的申请只能由被处罚人提出，但担保人的提出或者保证金的交纳既可以由被处罚人进行，也可以由被处罚人的近亲属进行。 **关联法规** 《行政处罚法》第66条；

续表

2012 年《中华人民共和国治安管理处罚法》	2025 年《中华人民共和国治安管理处罚法》	重点解读
	定暂缓执行。 **正在被执行行政拘留处罚的人遇有参加升学考试、子女出生或者近亲属病危、死亡等情形，被拘留人或者其近亲属申请出所的，由公安机关依照前款规定执行。被拘留人出所的时间不计入拘留期限。**	《公安机关办理行政案件程序规定》第 222~226 条
第一百零八条　担保人应当符合下列条件： （一）与本案无牵连； （二）享有政治权利，人身自由未受到限制； （三）在当地有常住户口和固定住所； （四）有能力履行担保义务。	**第一百二十七条**　担保人应当符合下列条件： （一）与本案无牵连； （二）享有政治权利，人身自由未受到限制； （三）在当地有常住户口和固定住所； （四）有能力履行担保义务。	本条明确了担保人应当符合的条件。 暂缓执行行政拘留处罚的担保人是否有能力履行担保义务需要综合进行判断，不能仅凭其本人的说法来判断其是有履行担保义务的能力，须同时符合本条规定的四个条件。 **关联法规** 《公安机关办理行政案件程序规定》第 227 条
第一百零九条　担保人应当保证被担保人不逃避行政拘留处罚的执行。 担保人不履行担保义务，致使被担保人逃避行政拘留处罚的执行的，~~由公安机关对~~其处三千元以	**第一百二十八条**　担保人应当保证被担保人不逃避行政拘留处罚的执行。 担保人不履行担保义务，致使被担保人逃避行政拘留处罚的执行的，处三千元以下罚款。	本条明确了担保人的义务。 本条规定担保人具有保证被担保人（被处罚人）不逃避行政拘留处罚执行的责任，且担保人不履行担保义务需要承担法律责任。

续表

2012年《中华人民共和国治安管理处罚法》	2025年《中华人民共和国治安管理处罚法》	重点解读
下罚款。		关联法规 《海关法》第69条；《公安机关办理行政案件程序规定》第229、230条
第一百一十条 被决定给予行政拘留处罚的人交纳保证金，暂缓行政拘留后，逃避行政拘留处罚的执行的，保证金予以没收并上缴国库，已经作出的行政拘留决定仍应执行。	**第一百二十九条** 被决定给予行政拘留处罚的人交纳保证金，暂缓行政拘留**或者出所**后，逃避行政拘留处罚的执行的，保证金予以没收并上缴国库，已经作出的行政拘留决定仍应执行。	本条明确了公安机关没收保证金的情形。 本条规定了对被拘留人被暂缓执行后逃避行政拘留处罚执行的，不仅要没收保证金，同时已经作出的行政拘留决定也要依法执行。 关联法规 《公安机关办理行政案件程序规定》第232条
第一百一十一条 行政拘留的处罚决定被撤销，或者行政拘留处罚开始执行的，公安机关收取的保证金应当及时退还交纳人。	**第一百三十条** 行政拘留的处罚决定被撤销，行政拘留处罚开始执行，**或者出所后继续执行的，**公安机关收取的保证金应当及时退还交纳人。	本条明确了公安机关应当及时退还保证金的情形。 本条规定了被拘留人在遵守了相关规定、履行了相应义务后，行政拘留无论是被撤销还是被执行，公安机关应当将收取的保证金及时退还交纳人。 关联法规 《拘留所条例实施办法》第57条；《公安机关办理行政案件程序规定》第232条

续表

2012年《中华人民共和国治安管理处罚法》	2025年《中华人民共和国治安管理处罚法》	重点解读
第五章　执法监督	第五章　执法监督	
第一百一十二条　公安机关及其人民警察应当依法、公正、严格、高效办理治安案件，文明执法，不得徇私舞弊。	**第一百三十一条**　公安机关及其人民警察应当依法、公正、严格、高效办理治安案件，文明执法，不得徇私舞弊**、玩忽职守、滥用职权**。	本条规定了公安机关及其人民警察应当规范执法。 玩忽职守，是指公安机关及人民警察不负责任，不履行或不正确地履行自己的工作职责；滥用职权，是指公安机关及人民警察超越职权，违法决定、处理其无权决定、处理的事项，或者违反规定处理公务的行为。 **关联法规** 《人民警察法》第4条
第一百一十三条　公安机关及其人民警察办理治安案件，禁止对违反治安管理行为人打骂、虐待或者侮辱。	**第一百三十二条**　公安机关及其人民警察办理治安案件，禁止对违反治安管理行为人打骂、虐待或者侮辱。	本条明确了公安机关及其人民警察办理治安案件时的禁止行为。 本条体现了人民警察应遵守的行为准则，明确了其不得实施侵犯人权的行为。 **关联法规** 《人民警察法》第22条；《公职人员政务处分法》第40条
第一百一十四条　公安机关及其人民警察办理治安案件，应当自觉接受社会和公民的监督。 公安机关及其人民警察办理治安案件，不严格	**第一百三十三条**　公安机关及其人民警察办理治安案件，应当自觉接受社会和公民的监督。 公安机关及其人民警察办理治安案件，不严格	本条是关于公安机关及其人民警察接受监督与监察的规定。 本条第1款规定了公安机关办理治安案件接受外部监督的原则。

续表

2012年《中华人民共和国治安管理处罚法》	2025年《中华人民共和国治安管理处罚法》	重点解读
执法或者有违法违纪行为的，任何单位和个人都有权向公安机关或者人民检察院、行政监察机关检举、控告；收到检举、控告的机关，应当依据职责及时处理。	执法或者有违法违纪行为的，任何单位和个人都有权向公安机关或者人民检察院、监察机关检举、控告；收到检举、控告的机关，应当依据职责及时处理。	本条第2款规定了单位和个人检举、控告的权利和途径，明确了按照法律、法规和规章规定的职权范围和程序所实施的监督，公安机关及其人民警察都必须接受。 **关联法规** 《行政处罚法》第75条
	第一百三十四条　公安机关作出治安管理处罚决定，发现被处罚人是公职人员，依照《中华人民共和国公职人员政务处分法》的规定需要给予政务处分的，应当依照有关规定及时通报监察机关等有关单位。	本条是本次修订新增的内容，明确了被处罚人是公职人员且需给予政务处分的，需通报监察机关等有关单位。 **关联法规** 《行政复议法》第86条；《监察法》第11条
第一百一十五条　公安机关依法实施罚款处罚，应当依照有关法律、行政法规的规定，实行罚款决定与罚款收缴分离；收缴的罚款应当全部上缴国库。	**第一百三十五条**　公安机关依法实施罚款处罚，应当依照有关法律、行政法规的规定，实行罚款决定与罚款收缴分离；收缴的罚款应当全部上缴国库，**不得返还、变相返还，不得与经费保障挂钩。**	本条明确了公安机关罚缴分离的原则。 本条规定，作出罚款决定的行政机关应当与收缴罚款的机构分离，确立了治安管理处罚的罚缴分离原则，并要求收缴的罚款应当全部上缴国库，不得返还、变相返还，不得与经费保障挂钩。 **关联法规** 《行政处罚法》第67条；《罚款决定与罚款收缴分离实施办法》

续表

2012 年《中华人民共和国治安管理处罚法》	2025 年《中华人民共和国治安管理处罚法》	重点解读
	第一百三十六条 违反治安管理的记录应当予以封存，不得向任何单位和个人提供或者公开，但有关国家机关为办案需要或者有关单位根据国家规定进行查询的除外。依法进行查询的单位，应当对被封存的违法记录的情况予以保密。	本条是本次修订新增的内容，规定了违法记录封存制度。 本条规定，违反治安管理记录进行封存，不得向任何单位提供或公开，除有特殊规定外，有效保护未成年人的隐私权、受教育权和就业权等合法权益，更好地帮助罪错未成年人得到平等对待，顺利回归社会。 **关联法规** 《刑事诉讼法》第 277 条
	第一百三十七条 公安机关应当履行同步录音录像运行安全管理职责，完善技术措施，定期维护设施设备，保障录音录像设备运行连续、稳定、安全。	本条是本次修订新增的内容，规定了公安机关需对执法全部过程进行记录，实现执法全过程留痕和可回溯管理的活动。 **关联法规** 《行政处罚法》第 47 条；《反间谍法》第 31 条
	第一百三十八条 公安机关及其人民警察不得将在办理治安案件过程中获得的个人信息，依法提取、采集的相关信息、样本用于与治安管理、查处犯罪无关的用途，不得出	本条是本次修订新增的内容，规定了公安机关及其人民警察应严格管理个人、识别信息。 公安机关应该落实相关措施，在办理治安案件过程中获得的个人信息不得泄露，

续表

2012年《中华人民共和国治安管理处罚法》	2025年《中华人民共和国治安管理处罚法》	重点解读
	售、提供给其他单位或者个人。	不得出售、提供给他人，筑牢个人信息"防火墙"更加牢固。依法提取、采集的相关人体生物识别信息、样本是公民的敏感信息，公安机关应严格管理。 **关联法规** 《个人信息保护法》第1、2条
第一百一十六条 人民警察办理治安案件，有下列行为之一的，依法给予行政处分；构成犯罪的，依法追究刑事责任： （一）刑讯逼供、体罚、虐待、侮辱他人的； （二）超过询问查证的时间限制人身自由的； （三）不执行罚款决定与罚款收缴分离制度或者不按规定将罚没的财物上缴国库或者依法处理的； （四）私分、侵占、挪用、故意损毁收缴、扣押的财物的； （五）违反规定使用或者不及时返还被侵害人财物的； （六）违反规定不及时退还保证金的；	**第一百三十九条** 人民警察办理治安案件，有下列行为之一的，依法给予处分；构成犯罪的，依法追究刑事责任： （一）刑讯逼供、体罚、**打骂**、虐待、侮辱他人的； （二）超过询问查证的时间限制人身自由的； （三）不执行罚款决定与罚款收缴分离制度或者不按规定将罚没的财物上缴国库或者依法处理的； （四）私分、侵占、挪用、故意损毁**所**收缴、**追缴**、扣押的财物的； （五）违反规定使用或者不及时返还被侵害人财物的； （六）违反规定不及	本条是关于人民警察办理治安案件违法违纪的惩处的规定。 本条第1款是关于人民警察个人违反规定应当承担的行政责任和刑事责任的规定。 本条第2款加强了对公安机关负有责任的领导人员和直接责任人员的处分，督促其严格履行职责，避免滥用职权。 **关联法规** 《行政处罚法》第8条；《行政强制法》第61、62条

续表

2012 年《中华人民共和国治安管理处罚法》	2025 年《中华人民共和国治安管理处罚法》	重点解读
（七）利用职务上的便利收受他人财物或者谋取其他利益的； （八）当场收缴罚款不出具**罚款收据**或者不如实填写罚款数额的； （九）接到要求制止违反治安管理行为的报警后，不及时出警的； （十）在查处违反治安管理活动时，为违法犯罪行为人通风报信的； **（十一）**有徇私舞弊、滥用职权，不依法履行法定职责的其他情形的。 办理治安案件的公安机关有前款所列行为的，对**直接负责的主管人员**和其他直接责任人员给予相应的行政处分。	时退还保证金的； （七）利用职务上的便利收受他人财物或者谋取其他利益的； （八）当场收缴罚款不出具**专用票据**或者不如实填写罚款数额的； （九）接到要求制止违反治安管理行为的报警后，不及时出警的； （十）在查处违反治安管理活动时，为违法犯罪行为人通风报信的； **（十一）泄露办理治安案件过程中的工作秘密或者其他依法应当保密的信息的；** **（十二）将在办理治安案件过程中获得的个人信息，依法提取、采集的相关信息、样本用于与治安管理、查处犯罪无关的用途，或者出售、提供给其他单位或者个人的；** **（十三）剪接、删改、损毁、丢失办理治安案件的同步录音录像资料的；** **（十四）**有徇私舞弊、**玩忽职守、**滥用职权，不依法履行法定职责的其他情形的。 办理治安案件的公安	

续表

2012年《中华人民共和国治安管理处罚法》	2025年《中华人民共和国治安管理处罚法》	重点解读
	机关有前款所列行为的，对**负有责任的领导人员**和直接责任人员，**依法**给予处分。	
第一百一十七条 公安机关及其人民警察违法行使职权，侵犯公民、法人和其他组织合法权益的，应当赔礼道歉；造成损害的，应当依法承担赔偿责任。	**第一百四十条** 公安机关及其人民警察违法行使职权，侵犯公民、法人和其他组织合法权益的，应当赔礼道歉；造成损害的，应当依法承担赔偿责任。	本条是关于公安机关及其人民警察违法行使职权的赔偿责任的规定。 本条规定了公安机关及其人民警察违法行使职权如何弥补公民、法人和其他组织受到的损害。赔偿责任，包括民事赔偿责任和国家赔偿责任。 **关联法规** 《国家赔偿法》第6~16条
第六章　附　　则	第六章　附　　则	
	第一百四十一条　其他法律中规定由公安机关给予行政拘留处罚的，其处罚程序适用本法规定。 **公安机关依照《中华人民共和国枪支管理法》、《民用爆炸物品安全管理条例》等直接关系公共安全和社会治安秩序的法律、行政法规实施处罚的，其处罚程序适用本法规定。**	本条是本次修订新增的内容，明确了本法与其他法律法规的衔接。 本条第1款规定，公安机关给予行政拘留处罚依照本法规定执行。 本条第2款规定，对于直接关系公共安全和社会治安秩序的处罚程序，适用本法。 本条第3款规定，对于本法规定给予行政拘留处罚，同时规定给予罚款、没

续表

2012年《中华人民共和国治安管理处罚法》	2025年《中华人民共和国治安管理处罚法》	重点解读
	本法第三十二条、第三十四条、第四十六条、第五十六条规定给予行政拘留处罚，其他法律、行政法规同时规定给予罚款、没收违法所得、没收非法财物等其他行政处罚的行为，由相关主管部门依照相应规定处罚；需要给予行政拘留处罚的，由公安机关依照本法规定处理。	收违法所得、没收非法财物等其他行政处罚的行为，由相关主管部门依照相应规定处罚，行政拘留处罚依照本法规定。
	第一百四十二条　海警机构履行海上治安管理职责，行使本法规定的公安机关的职权，但是法律另有规定的除外。	本条是本次修订新增的内容，明确了海警机构在治安案件中的职权，海警机构履行海上治安管理职责，与公安机关履行治安管理职责一致。 **关联法规** 《海警法》第2条
第一百一十八条　本法所称以上、以下、以内，包括本数。	**第一百四十三条**　本法所称以上、以下、以内，包括本数。	
第一百一十九条　本法自**2006年3月1日**起施行。~~1986年9月5日公布、1994年5月12日修订公布的《中华人民共和国治安管理处罚条例》同时废止。~~	**第一百四十四条**　本法自**2026年1月1日**起施行。	

中华人民共和国行政处罚法

（1996年3月17日第八届全国人民代表大会第四次会议通过　根据2009年8月27日第十一届全国人民代表大会常务委员会第十次会议《关于修改部分法律的决定》第一次修正　根据2017年9月1日第十二届全国人民代表大会常务委员会第二十九次会议《关于修改〈中华人民共和国法官法〉等八部法律的决定》第二次修正　2021年1月22日第十三届全国人民代表大会常务委员会第二十五次会议修订）

目　　录

第一章　总　　则
第二章　行政处罚的种类和设定
第三章　行政处罚的实施机关
第四章　行政处罚的管辖和适用
第五章　行政处罚的决定
　第一节　一般规定
　第二节　简易程序
　第三节　普通程序
　第四节　听证程序
第六章　行政处罚的执行
第七章　法律责任
第八章　附　　则

第一章　总　　则

第一条　为了规范行政处罚的设定和实施，保障和监督行政机关有效实施行政管理，维护公共利益和社会秩序，保护公民、法人或者其他组织的合法权益，根据宪法，制定本法。

第二条 行政处罚是指行政机关依法对违反行政管理秩序的公民、法人或者其他组织，以减损权益或者增加义务的方式予以惩戒的行为。

第三条 行政处罚的设定和实施，适用本法。

第四条 公民、法人或者其他组织违反行政管理秩序的行为，应当给予行政处罚的，依照本法由法律、法规、规章规定，并由行政机关依照本法规定的程序实施。

第五条 行政处罚遵循公正、公开的原则。

设定和实施行政处罚必须以事实为依据，与违法行为的事实、性质、情节以及社会危害程度相当。

对违法行为给予行政处罚的规定必须公布；未经公布的，不得作为行政处罚的依据。

第六条 实施行政处罚，纠正违法行为，应当坚持处罚与教育相结合，教育公民、法人或者其他组织自觉守法。

第七条 公民、法人或者其他组织对行政机关所给予的行政处罚，享有陈述权、申辩权；对行政处罚不服的，有权依法申请行政复议或者提起行政诉讼。

公民、法人或者其他组织因行政机关违法给予行政处罚受到损害的，有权依法提出赔偿要求。

第八条 公民、法人或者其他组织因违法行为受到行政处罚，其违法行为对他人造成损害的，应当依法承担民事责任。

违法行为构成犯罪，应当依法追究刑事责任的，不得以行政处罚代替刑事处罚。

第二章 行政处罚的种类和设定

第九条 行政处罚的种类：

（一）警告、通报批评；

（二）罚款、没收违法所得、没收非法财物；

（三）暂扣许可证件、降低资质等级、吊销许可证件；

（四）限制开展生产经营活动、责令停产停业、责令关闭、限制从业；

（五）行政拘留；

（六）法律、行政法规规定的其他行政处罚。

第十条 法律可以设定各种行政处罚。

限制人身自由的行政处罚，只能由法律设定。

第十一条 行政法规可以设定除限制人身自由以外的行政处罚。

法律对违法行为已经作出行政处罚规定，行政法规需要作出具体规定的，必须在法律规定的给予行政处罚的行为、种类和幅度的范围内规定。

法律对违法行为未作出行政处罚规定，行政法规为实施法律，可以补充设定行政处罚。拟补充设定行政处罚的，应当通过听证会、论证会等形式广泛听取意见，并向制定机关作出书面说明。行政法规报送备案时，应当说明补充设定行政处罚的情况。

第十二条 地方性法规可以设定除限制人身自由、吊销营业执照以外的行政处罚。

法律、行政法规对违法行为已经作出行政处罚规定，地方性法规需要作出具体规定的，必须在法律、行政法规规定的给予行政处罚的行为、种类和幅度的范围内规定。

法律、行政法规对违法行为未作出行政处罚规定，地方性法规为实施法律、行政法规，可以补充设定行政处罚。拟补充设定行政处罚的，应当通过听证会、论证会等形式广泛听取意见，并向制定机关作出书面说明。地方性法规报送备案时，应当说明补充设定行政处罚的情况。

第十三条 国务院部门规章可以在法律、行政法规规定的给予行政处罚的行为、种类和幅度的范围内作出具体规定。

尚未制定法律、行政法规的，国务院部门规章对违反行政管理秩序的行为，可以设定警告、通报批评或者一定数额罚款的行政处罚。罚款的限额由国务院规定。

第十四条 地方政府规章可以在法律、法规规定的给予行政处罚的行为、种类和幅度的范围内作出具体规定。

尚未制定法律、法规的，地方政府规章对违反行政管理秩序的行为，可以设定警告、通报批评或者一定数额罚款的行政处罚。罚款的限额由省、自治区、直辖市人民代表大会常务委员会规定。

第十五条 国务院部门和省、自治区、直辖市人民政府及其有关部门应当定期组织评估行政处罚的实施情况和必要性，对不适当的行政处罚事项及种类、罚款数额等，应当提出修改或者废止的建议。

第十六条 除法律、法规、规章外，其他规范性文件不得设定行政处罚。

第三章 行政处罚的实施机关

第十七条 行政处罚由具有行政处罚权的行政机关在法定职权范围内实施。

第十八条 国家在城市管理、市场监管、生态环境、文化市场、交通运输、应急管理、农业等领域推行建立综合行政执法制度，相对集中行政处罚权。

国务院或者省、自治区、直辖市人民政府可以决定一个行政机关行使有关行政机关的行政处罚权。

限制人身自由的行政处罚权只能由公安机关和法律规定的其他机关行使。

第十九条 法律、法规授权的具有管理公共事务职能的组织可以在法定授权范围内实施行政处罚。

第二十条 行政机关依照法律、法规、规章的规定，可以在其法定权限内书面委托符合本法第二十一条规定条件的组织实施行政处罚。行政机关不得委托其他组织或者个人实施行政处罚。

委托书应当载明委托的具体事项、权限、期限等内容。委托行政机关和受委托组织应当将委托书向社会公布。

委托行政机关对受委托组织实施行政处罚的行为应当负责监督，并对该行为的后果承担法律责任。

受委托组织在委托范围内，以委托行政机关名义实施行政处罚；不得再委托其他组织或者个人实施行政处罚。

第二十一条 受委托组织必须符合以下条件：

（一）依法成立并具有管理公共事务职能；

（二）有熟悉有关法律、法规、规章和业务并取得行政执法资格的工作人员；

（三）需要进行技术检查或者技术鉴定的，应当有条件组织进行相应的技术检查或者技术鉴定。

第四章 行政处罚的管辖和适用

第二十二条 行政处罚由违法行为发生地的行政机关管辖。法律、行政法规、部门规章另有规定的，从其规定。

第二十三条 行政处罚由县级以上地方人民政府具有行政处罚权的行政机

关管辖。法律、行政法规另有规定的，从其规定。

第二十四条 省、自治区、直辖市根据当地实际情况，可以决定将基层管理迫切需要的县级人民政府部门的行政处罚权交由能够有效承接的乡镇人民政府、街道办事处行使，并定期组织评估。决定应当公布。

承接行政处罚权的乡镇人民政府、街道办事处应当加强执法能力建设，按照规定范围、依照法定程序实施行政处罚。

有关地方人民政府及其部门应当加强组织协调、业务指导、执法监督，建立健全行政处罚协调配合机制，完善评议、考核制度。

第二十五条 两个以上行政机关都有管辖权的，由最先立案的行政机关管辖。

对管辖发生争议的，应当协商解决，协商不成的，报请共同的上一级行政机关指定管辖；也可以直接由共同的上一级行政机关指定管辖。

第二十六条 行政机关因实施行政处罚的需要，可以向有关机关提出协助请求。协助事项属于被请求机关职权范围内的，应当依法予以协助。

第二十七条 违法行为涉嫌犯罪的，行政机关应当及时将案件移送司法机关，依法追究刑事责任。对依法不需要追究刑事责任或者免予刑事处罚，但应当给予行政处罚的，司法机关应当及时将案件移送有关行政机关。

行政处罚实施机关与司法机关之间应当加强协调配合，建立健全案件移送制度，加强证据材料移交、接收衔接，完善案件处理信息通报机制。

第二十八条 行政机关实施行政处罚时，应当责令当事人改正或者限期改正违法行为。

当事人有违法所得，除依法应当退赔的外，应当予以没收。违法所得是指实施违法行为所取得的款项。法律、行政法规、部门规章对违法所得的计算另有规定的，从其规定。

第二十九条 对当事人的同一个违法行为，不得给予两次以上罚款的行政处罚。同一个违法行为违反多个法律规范应当给予罚款处罚的，按照罚款数额高的规定处罚。

第三十条 不满十四周岁的未成年人有违法行为的，不予行政处罚，责令监护人加以管教；已满十四周岁不满十八周岁的未成年人有违法行为的，应当从轻或者减轻行政处罚。

第三十一条 精神病人、智力残疾人在不能辨认或者不能控制自己行为时有违法行为的，不予行政处罚，但应当责令其监护人严加看管和治疗。间歇性精神病人在精神正常时有违法行为的，应当给予行政处罚。尚未完全丧失辨认或者控制自己行为能力的精神病人、智力残疾人有违法行为的，可以从轻或者减轻行政处罚。

第三十二条 当事人有下列情形之一，应当从轻或者减轻行政处罚：

（一）主动消除或者减轻违法行为危害后果的；

（二）受他人胁迫或者诱骗实施违法行为的；

（三）主动供述行政机关尚未掌握的违法行为的；

（四）配合行政机关查处违法行为有立功表现的；

（五）法律、法规、规章规定其他应当从轻或者减轻行政处罚的。

第三十三条 违法行为轻微并及时改正，没有造成危害后果的，不予行政处罚。初次违法且危害后果轻微并及时改正的，可以不予行政处罚。

当事人有证据足以证明没有主观过错的，不予行政处罚。法律、行政法规另有规定的，从其规定。

对当事人的违法行为依法不予行政处罚的，行政机关应当对当事人进行教育。

第三十四条 行政机关可以依法制定行政处罚裁量基准，规范行使行政处罚裁量权。行政处罚裁量基准应当向社会公布。

第三十五条 违法行为构成犯罪，人民法院判处拘役或者有期徒刑时，行政机关已经给予当事人行政拘留的，应当依法折抵相应刑期。

违法行为构成犯罪，人民法院判处罚金时，行政机关已经给予当事人罚款的，应当折抵相应罚金；行政机关尚未给予当事人罚款的，不再给予罚款。

第三十六条 违法行为在二年内未被发现的，不再给予行政处罚；涉及公民生命健康安全、金融安全且有危害后果的，上述期限延长至五年。法律另有规定的除外。

前款规定的期限，从违法行为发生之日起计算；违法行为有连续或者继续状态的，从行为终了之日起计算。

第三十七条 实施行政处罚，适用违法行为发生时的法律、法规、规章的规定。但是，作出行政处罚决定时，法律、法规、规章已被修改或者废止，且新的规定处罚较轻或者不认为是违法的，适用新的规定。

第三十八条 行政处罚没有依据或者实施主体不具有行政主体资格的，行政处罚无效。

违反法定程序构成重大且明显违法的，行政处罚无效。

第五章　行政处罚的决定

第一节　一般规定

第三十九条　行政处罚的实施机关、立案依据、实施程序和救济渠道等信息应当公示。

第四十条　公民、法人或者其他组织违反行政管理秩序的行为，依法应当给予行政处罚的，行政机关必须查明事实；违法事实不清、证据不足的，不得给予行政处罚。

第四十一条　行政机关依照法律、行政法规规定利用电子技术监控设备收集、固定违法事实的，应当经过法制和技术审核，确保电子技术监控设备符合标准、设置合理、标志明显，设置地点应当向社会公布。

电子技术监控设备记录违法事实应当真实、清晰、完整、准确。行政机关应当审核记录内容是否符合要求；未经审核或者经审核不符合要求的，不得作为行政处罚的证据。

行政机关应当及时告知当事人违法事实，并采取信息化手段或者其他措施，为当事人查询、陈述和申辩提供便利。不得限制或者变相限制当事人享有的陈述权、申辩权。

第四十二条　行政处罚应当由具有行政执法资格的执法人员实施。执法人员不得少于两人，法律另有规定的除外。

执法人员应当文明执法，尊重和保护当事人合法权益。

第四十三条　执法人员与案件有直接利害关系或者有其他关系可能影响公正执法的，应当回避。

当事人认为执法人员与案件有直接利害关系或者有其他关系可能影响公正执法的，有权申请回避。

当事人提出回避申请的，行政机关应当依法审查，由行政机关负责人决定。决定作出之前，不停止调查。

第四十四条　行政机关在作出行政处罚决定之前，应当告知当事人拟作出的行政处罚内容及事实、理由、依据，并告知当事人依法享有的陈述、申辩、要求听证等权利。

第四十五条　当事人有权进行陈述和申辩。行政机关必须充分听取当事人的意见，对当事人提出的事实、理由和证据，应当进行复核；当事人提出的事实、理由或者证据成立的，行政机关应当采纳。

行政机关不得因当事人陈述、申辩而给予更重的处罚。

第四十六条 证据包括：

（一）书证；

（二）物证；

（三）视听资料；

（四）电子数据；

（五）证人证言；

（六）当事人的陈述；

（七）鉴定意见；

（八）勘验笔录、现场笔录。

证据必须经查证属实，方可作为认定案件事实的根据。

以非法手段取得的证据，不得作为认定案件事实的根据。

第四十七条 行政机关应当依法以文字、音像等形式，对行政处罚的启动、调查取证、审核、决定、送达、执行等进行全过程记录，归档保存。

第四十八条 具有一定社会影响的行政处罚决定应当依法公开。

公开的行政处罚决定被依法变更、撤销、确认违法或者确认无效的，行政机关应当在三日内撤回行政处罚决定信息并公开说明理由。

第四十九条 发生重大传染病疫情等突发事件，为了控制、减轻和消除突发事件引起的社会危害，行政机关对违反突发事件应对措施的行为，依法快速、从重处罚。

第五十条 行政机关及其工作人员对实施行政处罚过程中知悉的国家秘密、商业秘密或者个人隐私，应当依法予以保密。

第二节 简易程序

第五十一条 违法事实确凿并有法定依据，对公民处以二百元以下、对法人或者其他组织处以三千元以下罚款或者警告的行政处罚的，可以当场作出行政处罚决定。法律另有规定的，从其规定。

第五十二条 执法人员当场作出行政处罚决定的，应当向当事人出示执法证件，填写预定格式、编有号码的行政处罚决定书，并当场交付当事人。当事人拒绝签收的，应当在行政处罚决定书上注明。

前款规定的行政处罚决定书应当载明当事人的违法行为，行政处罚的种类和依据、罚款数额、时间、地点，申请行政复议、提起行政诉讼的途径和期限以及行政机关名称，并由执法人员签名或者盖章。

执法人员当场作出的行政处罚决定，应当报所属行政机关备案。

第五十三条 对当场作出的行政处罚决定，当事人应当依照本法第六十七条至第六十九条的规定履行。

第三节 普通程序

第五十四条 除本法第五十一条规定的可以当场作出的行政处罚外，行政机关发现公民、法人或者其他组织有依法应当给予行政处罚的行为的，必须全面、客观、公正地调查，收集有关证据；必要时，依照法律、法规的规定，可以进行检查。

符合立案标准的，行政机关应当及时立案。

第五十五条 执法人员在调查或者进行检查时，应当主动向当事人或者有关人员出示执法证件。当事人或者有关人员有权要求执法人员出示执法证件。执法人员不出示执法证件的，当事人或者有关人员有权拒绝接受调查或者检查。

当事人或者有关人员应当如实回答询问，并协助调查或者检查，不得拒绝或者阻挠。询问或者检查应当制作笔录。

第五十六条 行政机关在收集证据时，可以采取抽样取证的方法；在证据可能灭失或者以后难以取得的情况下，经行政机关负责人批准，可以先行登记保存，并应当在七日内及时作出处理决定，在此期间，当事人或者有关人员不得销毁或者转移证据。

第五十七条 调查终结，行政机关负责人应当对调查结果进行审查，根据不同情况，分别作出如下决定：

（一）确有应受行政处罚的违法行为的，根据情节轻重及具体情况，作出行政处罚决定；

（二）违法行为轻微，依法可以不予行政处罚的，不予行政处罚；

（三）违法事实不能成立的，不予行政处罚；

（四）违法行为涉嫌犯罪的，移送司法机关。

对情节复杂或者重大违法行为给予行政处罚，行政机关负责人应当集体讨论决定。

第五十八条 有下列情形之一，在行政机关负责人作出行政处罚的决定之前，应当由从事行政处罚决定法制审核的人员进行法制审核；未经法制审核或者审核未通过的，不得作出决定：

（一）涉及重大公共利益的；

（二）直接关系当事人或者第三人重大权益，经过听证程序的；

（三）案件情况疑难复杂、涉及多个法律关系的；

（四）法律、法规规定应当进行法制审核的其他情形。

行政机关中初次从事行政处罚决定法制审核的人员，应当通过国家统一法律职业资格考试取得法律职业资格。

第五十九条 行政机关依照本法第五十七条的规定给予行政处罚，应当制作行政处罚决定书。行政处罚决定书应当载明下列事项：

（一）当事人的姓名或者名称、地址；

（二）违反法律、法规、规章的事实和证据；

（三）行政处罚的种类和依据；

（四）行政处罚的履行方式和期限；

（五）申请行政复议、提起行政诉讼的途径和期限；

（六）作出行政处罚决定的行政机关名称和作出决定的日期。

行政处罚决定书必须盖有作出行政处罚决定的行政机关的印章。

第六十条 行政机关应当自行政处罚案件立案之日起九十日内作出行政处罚决定。法律、法规、规章另有规定的，从其规定。

第六十一条 行政处罚决定书应当在宣告后当场交付当事人；当事人不在场的，行政机关应当在七日内依照《中华人民共和国民事诉讼法》的有关规定，将行政处罚决定书送达当事人。

当事人同意并签订确认书的，行政机关可以采用传真、电子邮件等方式，将行政处罚决定书等送达当事人。

第六十二条 行政机关及其执法人员在作出行政处罚决定之前，未依照本法第四十四条、第四十五条的规定向当事人告知拟作出的行政处罚内容及事实、理由、依据，或者拒绝听取当事人的陈述、申辩，不得作出行政处罚决定；当事人明确放弃陈述或者申辩权利的除外。

第四节　听 证 程 序

第六十三条 行政机关拟作出下列行政处罚决定，应当告知当事人有要求听证的权利，当事人要求听证的，行政机关应当组织听证：

（一）较大数额罚款；

（二）没收较大数额违法所得、没收较大价值非法财物；

（三）降低资质等级、吊销许可证件；

（四）责令停产停业、责令关闭、限制从业；

（五）其他较重的行政处罚；

（六）法律、法规、规章规定的其他情形。

当事人不承担行政机关组织听证的费用。

第六十四条 听证应当依照以下程序组织：

（一）当事人要求听证的，应当在行政机关告知后五日内提出；

（二）行政机关应当在举行听证的七日前，通知当事人及有关人员听证的时间、地点；

（三）除涉及国家秘密、商业秘密或者个人隐私依法予以保密外，听证公开举行；

（四）听证由行政机关指定的非本案调查人员主持；当事人认为主持人与本案有直接利害关系的，有权申请回避；

（五）当事人可以亲自参加听证，也可以委托一至二人代理；

（六）当事人及其代理人无正当理由拒不出席听证或者未经许可中途退出听证的，视为放弃听证权利，行政机关终止听证；

（七）举行听证时，调查人员提出当事人违法的事实、证据和行政处罚建议，当事人进行申辩和质证；

（八）听证应当制作笔录。笔录应当交当事人或者其代理人核对无误后签字或者盖章。当事人或者其代理人拒绝签字或者盖章的，由听证主持人在笔录中注明。

第六十五条 听证结束后，行政机关应当根据听证笔录，依照本法第五十七条的规定，作出决定。

第六章 行政处罚的执行

第六十六条 行政处罚决定依法作出后，当事人应当在行政处罚决定书载明的期限内，予以履行。

当事人确有经济困难，需要延期或者分期缴纳罚款的，经当事人申请和行政机关批准，可以暂缓或者分期缴纳。

第六十七条 作出罚款决定的行政机关应当与收缴罚款的机构分离。

除依照本法第六十八条、第六十九条的规定当场收缴的罚款外，作出行政处罚决定的行政机关及其执法人员不得自行收缴罚款。

当事人应当自收到行政处罚决定书之日起十五日内，到指定的银行或者通过电子支付系统缴纳罚款。银行应当收受罚款，并将罚款直接上缴国库。

第六十八条 依照本法第五十一条的规定当场作出行政处罚决定，有下列情形之一，执法人员可以当场收缴罚款：

（一）依法给予一百元以下罚款的；

（二）不当场收缴事后难以执行的。

第六十九条 在边远、水上、交通不便地区，行政机关及其执法人员依照本法第五十一条、第五十七条的规定作出罚款决定后，当事人到指定的银行或者通过电子支付系统缴纳罚款确有困难，经当事人提出，行政机关及其执法人员可以当场收缴罚款。

第七十条 行政机关及其执法人员当场收缴罚款的，必须向当事人出具国务院财政部门或者省、自治区、直辖市人民政府财政部门统一制发的专用票据；不出具财政部门统一制发的专用票据的，当事人有权拒绝缴纳罚款。

第七十一条 执法人员当场收缴的罚款，应当自收缴罚款之日起二日内，交至行政机关；在水上当场收缴的罚款，应当自抵岸之日起二日内交至行政机关；行政机关应当在二日内将罚款缴付指定的银行。

第七十二条 当事人逾期不履行行政处罚决定的，作出行政处罚决定的行政机关可以采取下列措施：

（一）到期不缴纳罚款的，每日按罚款数额的百分之三加处罚款，加处罚款的数额不得超出罚款的数额；

（二）根据法律规定，将查封、扣押的财物拍卖、依法处理或者将冻结的存款、汇款划拨抵缴罚款；

（三）根据法律规定，采取其他行政强制执行方式；

（四）依照《中华人民共和国行政强制法》的规定申请人民法院强制执行。

行政机关批准延期、分期缴纳罚款的，申请人民法院强制执行的期限，自暂缓或者分期缴纳罚款期限结束之日起计算。

第七十三条 当事人对行政处罚决定不服，申请行政复议或者提起行政诉讼的，行政处罚不停止执行，法律另有规定的除外。

当事人对限制人身自由的行政处罚决定不服，申请行政复议或者提起行政诉讼的，可以向作出决定的机关提出暂缓执行申请。符合法律规定情形的，应当暂缓执行。

当事人申请行政复议或者提起行政诉讼的，加处罚款的数额在行政复议或者行政诉讼期间不予计算。

第七十四条 除依法应当予以销毁的物品外，依法没收的非法财物必须按照国家规定公开拍卖或者按照国家有关规定处理。

罚款、没收的违法所得或者没收非法财物拍卖的款项，必须全部上缴国库，任何行政机关或者个人不得以任何形式截留、私分或者变相私分。

罚款、没收的违法所得或者没收非法财物拍卖的款项，不得同作出行政处罚决定的行政机关及其工作人员的考核、考评直接或者变相挂钩。除依法应当退还、退赔的外，财政部门不得以任何形式向作出行政处罚决定的行政机关返还罚款、没收的违法所得或者没收非法财物拍卖的款项。

第七十五条 行政机关应当建立健全对行政处罚的监督制度。县级以上人民政府应当定期组织开展行政执法评议、考核，加强对行政处罚的监督检查，规范和保障行政处罚的实施。

行政机关实施行政处罚应当接受社会监督。公民、法人或者其他组织对行政机关实施行政处罚的行为，有权申诉或者检举；行政机关应当认真审查，发现有错误的，应当主动改正。

第七章　法律责任

第七十六条 行政机关实施行政处罚，有下列情形之一，由上级行政机关或者有关机关责令改正，对直接负责的主管人员和其他直接责任人员依法给予处分：

（一）没有法定的行政处罚依据的；

（二）擅自改变行政处罚种类、幅度的；

（三）违反法定的行政处罚程序的；

（四）违反本法第二十条关于委托处罚的规定的；

（五）执法人员未取得执法证件的。

行政机关对符合立案标准的案件不及时立案的，依照前款规定予以处理。

第七十七条 行政机关对当事人进行处罚不使用罚款、没收财物单据或者使用非法定部门制发的罚款、没收财物单据的，当事人有权拒绝，并有权予以检举，由上级行政机关或者有关机关对使用的非法单据予以收缴销毁，对直接负责的主管人员和其他直接责任人员依法给予处分。

第七十八条 行政机关违反本法第六十七条的规定自行收缴罚款的，财政部门违反本法第七十四条的规定向行政机关返还罚款、没收的违法所得或者拍卖款项的，由上级行政机关或者有关机关责令改正，对直接负责的主管人员和其他直接责任人员依法给予处分。

第七十九条 行政机关截留、私分或者变相私分罚款、没收的违法所得或者财物的，由财政部门或者有关机关予以追缴，对直接负责的主管人员和其他直接责任人员依法给予处分；情节严重构成犯罪的，依法追究刑事责任。

执法人员利用职务上的便利，索取或者收受他人财物、将收缴罚款据为己有，构成犯罪的，依法追究刑事责任；情节轻微不构成犯罪的，依法给予处分。

第八十条 行政机关使用或者损毁查封、扣押的财物，对当事人造成损失的，应当依法予以赔偿，对直接负责的主管人员和其他直接责任人员依法给予处分。

第八十一条 行政机关违法实施检查措施或者执行措施，给公民人身或者财产造成损害、给法人或者其他组织造成损失的，应当依法予以赔偿，对直接负责的主管人员和其他直接责任人员依法给予处分；情节严重构成犯罪的，依法追究刑事责任。

第八十二条 行政机关对应当依法移交司法机关追究刑事责任的案件不移交，以行政处罚代替刑事处罚，由上级行政机关或者有关机关责令改正，对直接负责的主管人员和其他直接责任人员依法给予处分；情节严重构成犯罪的，依法追究刑事责任。

第八十三条 行政机关对应当予以制止和处罚的违法行为不予制止、处罚，致使公民、法人或者其他组织的合法权益、公共利益和社会秩序遭受损害的，对直接负责的主管人员和其他直接责任人员依法给予处分；情节严重构成犯罪的，依法追究刑事责任。

第八章　附　　则

第八十四条 外国人、无国籍人、外国组织在中华人民共和国领域内有违法行为，应当给予行政处罚的，适用本法，法律另有规定的除外。

第八十五条 本法中“二日”“三日”“五日”“七日”的规定是指工作日，不含法定节假日。

第八十六条 本法自2021年7月15日起施行。

公安机关办理行政案件程序规定

（2012年12月19日公安部令第125号修订发布　根据2014年6月29日公安部令第132号《公安部关于修改部分部门规章的决定》第一次修正　根据2018年11月25日公安部令第149号《公安部关于修改〈公安机关办理行政案件程序规定〉的决定》第二次修正　根据2020年8月6日公安部令第160号《公安部关于废止和修改部分规章的决定》第三次修正）

目　　录

第一章　总　　则
第二章　管　　辖
第三章　回　　避
第四章　证　　据
第五章　期间与送达
第六章　简易程序和快速办理
　第一节　简易程序
　第二节　快速办理
第七章　调查取证
　第一节　一般规定
　第二节　受　　案
　第三节　询　　问
　第四节　勘验、检查
　第五节　鉴　　定
　第六节　辨　　认
　第七节　证据保全
　第八节　办案协作
第八章　听证程序

第一节　一般规定
第二节　听证人员和听证参加人
第三节　听证的告知、申请和受理
第四节　听证的举行
第九章　行政处理决定
第一节　行政处罚的适用
第二节　行政处理的决定
第十章　治安调解
第十一章　涉案财物的管理和处理
第十二章　执　　行
第一节　一般规定
第二节　罚款的执行
第三节　行政拘留的执行
第四节　其他处理决定的执行
第十三章　涉外行政案件的办理
第十四章　案件终结
第十五章　附　　则

第一章　总　　则

第一条　为了规范公安机关办理行政案件程序，保障公安机关在办理行政案件中正确履行职责，保护公民、法人和其他组织的合法权益，根据《中华人民共和国行政处罚法》《中华人民共和国行政强制法》《中华人民共和国治安管理处罚法》等有关法律、行政法规，制定本规定。

第二条　本规定所称行政案件，是指公安机关依照法律、法规和规章的规定对违法行为人决定行政处罚以及强制隔离戒毒等处理措施的案件。

本规定所称公安机关，是指县级以上公安机关、公安派出所、依法具有独立执法主体资格的公安机关业务部门以及出入境边防检查站。

第三条　办理行政案件应当以事实为根据，以法律为准绳。

第四条　办理行政案件应当遵循合法、公正、公开、及时的原则，尊重和保障人权，保护公民的人格尊严。

第五条　办理行政案件应当坚持教育与处罚相结合的原则，教育公民、法人和其他组织自觉守法。

第六条 办理未成年人的行政案件，应当根据未成年人的身心特点，保障其合法权益。

第七条 办理行政案件，在少数民族聚居或者多民族共同居住的地区，应当使用当地通用的语言进行询问。对不通晓当地通用语言文字的当事人，应当为他们提供翻译。

第八条 公安机关及其人民警察在办理行政案件时，对涉及的国家秘密、商业秘密或者个人隐私，应当保密。

第九条 公安机关人民警察在办案中玩忽职守、徇私舞弊、滥用职权、索取或者收受他人财物的，依法给予处分；构成犯罪的，依法追究刑事责任。

第二章 管　　辖

第十条 行政案件由违法行为地的公安机关管辖。由违法行为人居住地公安机关管辖更为适宜的，可以由违法行为人居住地公安机关管辖，但是涉及卖淫、嫖娼、赌博、毒品的案件除外。

违法行为地包括违法行为发生地和违法结果发生地。违法行为发生地，包括违法行为的实施地以及开始地、途经地、结束地等与违法行为有关的地点；违法行为有连续、持续或者继续状态的，违法行为连续、持续或者继续实施的地方都属于违法行为发生地。违法结果发生地，包括违法对象被侵害地、违法所得的实际取得地、藏匿地、转移地、使用地、销售地。

居住地包括户籍所在地、经常居住地。经常居住地是指公民离开户籍所在地最后连续居住一年以上的地方，但在医院住院就医的除外。

移交违法行为人居住地公安机关管辖的行政案件，违法行为地公安机关在移交前应当及时收集证据，并配合违法行为人居住地公安机关开展调查取证工作。

第十一条 针对或者利用网络实施的违法行为，用于实施违法行为的网站服务器所在地、网络接入地以及网站建立者或者管理者所在地，被侵害的网络及其运营者所在地，违法过程中违法行为人、被侵害人使用的网络及其运营者所在地，被侵害人被侵害时所在地，以及被侵害人财产遭受损失地公安机关可以管辖。

第十二条 行驶中的客车上发生的行政案件，由案发后客车最初停靠地公安机关管辖；必要时，始发地、途经地、到达地公安机关也可以管辖。

第十三条 行政案件由县级公安机关及其公安派出所、依法具有独立执法主体资格的公安机关业务部门以及出入境边防检查站按照法律、行政法规、规章授权和管辖分工办理，但法律、行政法规、规章规定由设区的市级以上公安机关办理的除外。

第十四条 几个公安机关都有权管辖的行政案件，由最初受理的公安机关管辖。必要时，可以由主要违法行为地公安机关管辖。

第十五条 对管辖权发生争议的，报请共同的上级公安机关指定管辖。

对于重大、复杂的案件，上级公安机关可以直接办理或者指定管辖。

上级公安机关直接办理或者指定管辖的，应当书面通知被指定管辖的公安机关和其他有关的公安机关。

原受理案件的公安机关自收到上级公安机关书面通知之日起不再行使管辖权，并立即将案卷材料移送被指定管辖的公安机关或者办理的上级公安机关，及时书面通知当事人。

第十六条 铁路公安机关管辖列车上，火车站工作区域内，铁路系统的机关、厂、段、所、队等单位内发生的行政案件，以及在铁路线上放置障碍物或者损毁、移动铁路设施等可能影响铁路运输安全、盗窃铁路设施的行政案件。对倒卖、伪造、变造火车票案件，由最初受理的铁路或者地方公安机关管辖。必要时，可以移送主要违法行为发生地的铁路或者地方公安机关管辖。

交通公安机关管辖港航管理机构管理的轮船上、港口、码头工作区域内和港航系统的机关、厂、所、队等单位内发生的行政案件。

民航公安机关管辖民航管理机构管理的机场工作区域以及民航系统的机关、厂、所、队等单位内和民航飞机上发生的行政案件。

国有林区的森林公安机关管辖林区内发生的行政案件。

海关缉私机构管辖阻碍海关缉私警察依法执行职务的治安案件。

第三章 回 避

第十七条 公安机关负责人、办案人民警察有下列情形之一的，应当自行提出回避申请，案件当事人及其法定代理人有权要求他们回避：

（一）是本案的当事人或者当事人近亲属的；

（二）本人或者其近亲属与本案有利害关系的；

（三）与本案当事人有其他关系，可能影响案件公正处理的。

第十八条 公安机关负责人、办案人民警察提出回避申请的，应当说明理由。

第十九条 办案人民警察的回避，由其所属的公安机关决定；公安机关负责人的回避，由上一级公安机关决定。

第二十条 当事人及其法定代理人要求公安机关负责人、办案人民警察回避的，应当提出申请，并说明理由。口头提出申请的，公安机关应当记录在案。

第二十一条 对当事人及其法定代理人提出的回避申请，公安机关应当在收到申请之日起二日内作出决定并通知申请人。

第二十二条 公安机关负责人、办案人民警察具有应当回避的情形之一，本人没有申请回避，当事人及其法定代理人也没有申请其回避的，有权决定其回避的公安机关可以指令其回避。

第二十三条 在行政案件调查过程中，鉴定人和翻译人员需要回避的，适用本章的规定。

鉴定人、翻译人员的回避，由指派或者聘请的公安机关决定。

第二十四条 在公安机关作出回避决定前，办案人民警察不得停止对行政案件的调查。

作出回避决定后，公安机关负责人、办案人民警察不得再参与该行政案件的调查和审核、审批工作。

第二十五条 被决定回避的公安机关负责人、办案人民警察、鉴定人和翻译人员，在回避决定作出前所进行的与案件有关的活动是否有效，由作出回避决定的公安机关根据是否影响案件依法公正处理等情况决定。

第四章 证　　据

第二十六条 可以用于证明案件事实的材料，都是证据。公安机关办理行政案件的证据包括：

（一）物证；

（二）书证；

（三）被侵害人陈述和其他证人证言；

（四）违法嫌疑人的陈述和申辩；

（五）鉴定意见；

（六）勘验、检查、辨认笔录，现场笔录；

（七）视听资料、电子数据。

证据必须经过查证属实，才能作为定案的根据。

第二十七条 公安机关必须依照法定程序，收集能够证实违法嫌疑人是否违法、违法情节轻重的证据。

严禁刑讯逼供和以威胁、欺骗等非法方法收集证据。采用刑讯逼供等非法方法收集的违法嫌疑人的陈述和申辩以及采用暴力、威胁等非法方法收集的被侵害人陈述、其他证人证言，不能作为定案的根据。收集物证、书证不符合法定程序，可能严重影响执法公正的，应当予以补正或者作出合理解释；不能补正或者作出合理解释的，不能作为定案的根据。

第二十八条 公安机关向有关单位和个人收集、调取证据时，应当告知其必须如实提供证据，并告知其伪造、隐匿、毁灭证据，提供虚假证词应当承担的法律责任。

需要向有关单位和个人调取证据的，经公安机关办案部门负责人批准，开具调取证据通知书，明确调取的证据和提供时限。被调取人应当在通知书上盖章或者签名，被调取人拒绝的，公安机关应当注明。必要时，公安机关应当采用录音、录像等方式固定证据内容及取证过程。

需要向有关单位紧急调取证据的，公安机关可以在电话告知人民警察身份的同时，将调取证据通知书连同办案人民警察的人民警察证复印件通过传真、互联网通讯工具等方式送达有关单位。

第二十九条 收集调取的物证应当是原物。在原物不便搬运、不易保存或者依法应当由有关部门保管、处理或者依法应当返还时，可以拍摄或者制作足以反映原物外形或者内容的照片、录像。

物证的照片、录像，经与原物核实无误或者经鉴定证明为真实的，可以作为证据使用。

第三十条 收集、调取的书证应当是原件。在取得原件确有困难时，可以使用副本或者复制件。

书证的副本、复制件，经与原件核实无误或者经鉴定证明为真实的，可以作为证据使用。书证有更改或者更改迹象不能作出合理解释的，或者书证的副本、复制件不能反映书证原件及其内容的，不能作为证据使用。

第三十一条 物证的照片、录像，书证的副本、复制件，视听资料的复制件，应当附有关制作过程及原件、原物存放处的文字说明，并由制作人和物品持有人或者持有单位有关人员签名。

第三十二条 收集电子数据，能够扣押电子数据原始存储介质的，应当扣押。

无法扣押原始存储介质的，可以提取电子数据。提取电子数据，应当制作笔录，并附电子数据清单，由办案人民警察、电子数据持有人签名。持有人无法或者拒绝签名的，应当在笔录中注明。

由于客观原因无法或者不宜依照前两款规定收集电子数据的，可以采取打印、拍照或者录像等方式固定相关证据，并附有关原因、过程等情况的文字说明，由办案人民警察、电子数据持有人签名。持有人无法或者拒绝签名的，应当注明情况。

第三十三条 刑事案件转为行政案件办理的，刑事案件办理过程中收集的证据材料，可以作为行政案件的证据使用。

第三十四条 凡知道案件情况的人，都有作证的义务。

生理上、精神上有缺陷或者年幼，不能辨别是非、不能正确表达的人，不能作为证人。

第五章 期间与送达

第三十五条 期间以时、日、月、年计算，期间开始之时或者日不计算在内。法律文书送达的期间不包括路途上的时间。期间的最后一日是节假日的，以节假日后的第一日为期满日期，但违法行为人被限制人身自由的期间，应当至期满之日为止，不得因节假日而延长。

第三十六条 送达法律文书，应当遵守下列规定：

（一）依照简易程序作出当场处罚决定的，应当将决定书当场交付被处罚人，并由被处罚人在备案的决定书上签名或者捺指印；被处罚人拒绝的，由办案人民警察在备案的决定书上注明；

（二）除本款第一项规定外，作出行政处罚决定和其他行政处理决定，应当在宣告后将决定书当场交付被处理人，并由被处理人在附卷的决定书上签名或者捺指印，即为送达；被处理人拒绝的，由办案人民警察在附卷的决定书上注明；被处理人不在场的，公安机关应当在作出决定的七日内将决定书送达被处理人，治安管理处罚决定应当在二日内送达。

送达法律文书应当首先采取直接送达方式，交给受送达人本人；受送达人不在的，可以交付其成年家属、所在单位的负责人员或者其居住地居（村）民委员会代收。受送达人本人或者代收人拒绝接收或者拒绝签名和捺指印的，送达人可以邀请其邻居或者其他见证人到场，说明情况，也可以对拒收情况进行录音录像，把文书留在受送达人处，在附卷的法律文书上注明拒绝的事由、送达日期，由送达人、见证人签名或者捺指印，即视为送达。

无法直接送达的，委托其他公安机关代为送达，或者邮寄送达。经受送达人同意，可以采用传真、互联网通讯工具等能够确认其收悉的方式送达。

经采取上述送达方式仍无法送达的，可以公告送达。公告的范围和方式应当便于公民知晓，公告期限不得少于六十日。

第六章 简易程序和快速办理

第一节 简易程序

第三十七条 违法事实确凿，且具有下列情形之一的，人民警察可以当场作出处罚决定，有违禁品的，可以当场收缴：

（一）对违反治安管理行为人或者道路交通违法行为人处二百元以下罚款或者警告的；

（二）出入境边防检查机关对违反出境入境管理行为人处五百元以下罚款或者警告的；

（三）对有其他违法行为的个人处五十元以下罚款或者警告、对单位处一千元以下罚款或者警告的；

（四）法律规定可以当场处罚的其他情形。

涉及卖淫、嫖娼、赌博、毒品的案件，不适用当场处罚。

第三十八条 当场处罚，应当按照下列程序实施：

（一）向违法行为人表明执法身份；

（二）收集证据；

（三）口头告知违法行为人拟作出行政处罚决定的事实、理由和依据，并告知违法行为人依法享有的陈述权和申辩权；

（四）充分听取违法行为人的陈述和申辩。违法行为人提出的事实、理由或者证据成立的，应当采纳；

（五）填写当场处罚决定书并当场交付被处罚人；

（六）当场收缴罚款的，同时填写罚款收据，交付被处罚人；未当场收缴罚款的，应当告知被处罚人在规定期限内到指定的银行缴纳罚款。

第三十九条 适用简易程序处罚的，可以由人民警察一人作出行政处罚决定。

人民警察当场作出行政处罚决定的，应当于作出决定后的二十四小时内将当场处罚决定书报所属公安机关备案，交通警察应当于作出决定后的二日内报所属公安机关交通管理部门备案。在旅客列车、民航飞机、水上作出行政处罚决定的，应当在返回后的二十四小时内报所属公安机关备案。

第二节 快速办理

第四十条 对不适用简易程序，但事实清楚，违法嫌疑人自愿认错认罚，且对违法事实和法律适用没有异议的行政案件，公安机关可以通过简化取证方式和审核审批手续等措施快速办理。

第四十一条 行政案件具有下列情形之一的，不适用快速办理：

（一）违法嫌疑人系盲、聋、哑人，未成年人或者疑似精神病人的；

（二）依法应当适用听证程序的；

（三）可能作出十日以上行政拘留处罚的；

（四）其他不宜快速办理的。

第四十二条 快速办理行政案件前，公安机关应当书面告知违法嫌疑人快速办理的相关规定，征得其同意，并由其签名确认。

第四十三条 对符合快速办理条件的行政案件，违法嫌疑人在自行书写材料或者询问笔录中承认违法事实、认错认罚，并有视音频记录、电子数据、检查笔录等关键证据能够相互印证的，公安机关可以不再开展其他调查取证工作。

第四十四条 对适用快速办理的行政案件，可以由专兼职法制员或者办案部门负责人审核后，报公安机关负责人审批。

第四十五条 对快速办理的行政案件，公安机关可以根据不同案件类型，使用简明扼要的格式询问笔录，尽量减少需要文字记录的内容。

被询问人自行书写材料的，办案单位可以提供样式供其参考。

使用执法记录仪等设备对询问过程录音录像的，可以替代书面询问笔录，必要时，对视听资料的关键内容和相应时间段等作文字说明。

第四十六条 对快速办理的行政案件，公安机关可以根据违法行为人认错悔改、纠正违法行为、赔偿损失以及被侵害人谅解情况等情节，依法对违法行为人从轻、减轻处罚或者不予行政处罚。

对快速办理的行政案件，公安机关可以采用口头方式履行处罚前告知程序，由办案人民警察在案卷材料中注明告知情况，并由被告知人签名确认。

第四十七条 对快速办理的行政案件，公安机关应当在违法嫌疑人到案后四十八小时内作出处理决定。

第四十八条 公安机关快速办理行政案件时，发现不适宜快速办理的，转为一般案件办理。快速办理阶段依法收集的证据，可以作为定案的根据。

第七章 调查取证

第一节 一般规定

第四十九条 对行政案件进行调查时，应当合法、及时、客观、全面地收集、调取证据材料，并予以审查、核实。

第五十条 需要调查的案件事实包括：

（一）违法嫌疑人的基本情况；

（二）违法行为是否存在；

（三）违法行为是否为违法嫌疑人实施；

（四）实施违法行为的时间、地点、手段、后果以及其他情节；

（五）违法嫌疑人有无法定从重、从轻、减轻以及不予行政处罚的情形；

（六）与案件有关的其他事实。

第五十一条 公安机关调查取证时，应当防止泄露工作秘密。

第五十二条 公安机关进行询问、辨认、检查、勘验，实施行政强制措施等调查取证工作时，人民警察不得少于二人，并表明执法身份。

接报案、受案登记、接受证据、信息采集、调解、送达文书等工作，可以由一名人民警察带领警务辅助人员进行，但应当全程录音录像。

第五十三条 对查获或者到案的违法嫌疑人应当进行安全检查，发现违禁品或者管制器具、武器、易燃易爆等危险品以及与案件有关的需要作为证据的物品的，应当立即扣押；对违法嫌疑人随身携带的与案件无关的物品，应当按照有关规定予以登记、保管、退还。安全检查不需要开具检查证。

前款规定的扣押适用本规定第五十五条和第五十六条以及本章第七节的规定。

第五十四条 办理行政案件时，可以依法采取下列行政强制措施：

（一）对物品、设施、场所采取扣押、扣留、查封、先行登记保存、抽样取证、封存文件资料等强制措施，对恐怖活动嫌疑人的存款、汇款、债券、股票、基金份额等财产还可以采取冻结措施；

（二）对违法嫌疑人采取保护性约束措施、继续盘问、强制传唤、强制检测、拘留审查、限制活动范围，对恐怖活动嫌疑人采取约束措施等强制措施。

第五十五条 实施行政强制措施应当遵守下列规定：

（一）实施前须依法向公安机关负责人报告并经批准；

（二）通知当事人到场，当场告知当事人采取行政强制措施的理由、依据以及当事人依法享有的权利、救济途径。当事人不到场的，邀请见证人到场，并在现场笔录中注明；

（三）听取当事人的陈述和申辩；

（四）制作现场笔录，由当事人和办案人民警察签名或者盖章，当事人拒绝的，在笔录中注明。当事人不在场的，由见证人和办案人民警察在笔录上签名或者盖章；

（五）实施限制公民人身自由的行政强制措施的，应当当场告知当事人家属实施强制措施的公安机关、理由、地点和期限；无法当场告知的，应当在实施强制措施后立即通过电话、短信、传真等方式通知；身份不明、拒不提供家属联系方式或者因自然灾害等不可抗力导致无法通知的，可以不予通知。告知、通知家属情况或者无法通知家属的原因应当在询问笔录中注明；

（六）法律、法规规定的其他程序。

勘验、检查时实施行政强制措施，制作勘验、检查笔录的，不再制作现场笔录。

实施行政强制措施的全程录音录像，已经具备本条第一款第二项、第三项规定的实质要素的，可以替代书面现场笔录，但应当对视听资料的关键内容和相应时间段等作文字说明。

第五十六条 情况紧急，当场实施行政强制措施的，办案人民警察应当在二十四小时内依法向其所属的公安机关负责人报告，并补办批准手续。当场实施限制公民人身自由的行政强制措施的，办案人民警察应当在返回单位后立即报告，并补办批准手续。公安机关负责人认为不应当采取行政强制措施的，应当立即解除。

第五十七条 为维护社会秩序，人民警察对有违法嫌疑的人员，经表明执法身份后，可以当场盘问、检查。对当场盘问、检查后，不能排除其违法嫌疑，依法可以适用继续盘问的，可以将其带至公安机关，经公安派出所负责人批准，对其继续盘问。对违反出境入境管理的嫌疑人依法适用继续盘问的，应当经县级以上公安机关或者出入境边防检查机关负责人批准。

继续盘问的时限一般为十二小时；对在十二小时以内确实难以证实或者排除其违法犯罪嫌疑的，可以延长至二十四小时；对不讲真实姓名、住址、身份，且在二十四小时以内仍不能证实或者排除其违法犯罪嫌疑的，可以延长至四十八小时。

第五十八条 违法嫌疑人在醉酒状态中，对本人有危险或者对他人的人身、财产或者公共安全有威胁的，可以对其采取保护性措施约束至酒醒，也可以通知其家属、亲友或者所属单位将其领回看管，必要时，应当送医院醒酒。对行为举止失控的醉酒人，可以使用约束带或者警绳等进行约束，但是不得使用手铐、脚镣等警械。

约束过程中，应当指定专人严加看护。确认醉酒人酒醒后，应当立即解除约束，并进行询问。约束时间不计算在询问查证时间内。

第五十九条 对恐怖活动嫌疑人实施约束措施，应当遵守下列规定：

（一）实施前须经县级以上公安机关负责人批准；

（二）告知嫌疑人采取约束措施的理由、依据以及其依法享有的权利、救济途径；

（三）听取嫌疑人的陈述和申辩；

（四）出具决定书。

公安机关可以采取电子监控、不定期检查等方式对被约束人遵守约束措施的情况进行监督。

约束措施的期限不得超过三个月。对不需要继续采取约束措施的，应当及时解除并通知被约束人。

第二节 受 案

第六十条 县级公安机关及其公安派出所、依法具有独立执法主体资格的公安机关业务部门以及出入境边防检查站对报案、控告、举报、群众扭送或者违法嫌疑人投案，以及其他国家机关移送的案件，应当及时受理并按照规定进行网上接报案登记。对重复报案、案件正在办理或者已经办结的，应当向报案人、控告人、举报人、扭送人、投案人作出解释，不再登记。

第六十一条 公安机关应当对报案、控告、举报、群众扭送或者违法嫌疑人投案分别作出下列处理，并将处理情况在接报案登记中注明：

（一）对属于本单位管辖范围内的案件，应当立即调查处理，制作受案登记表和受案回执，并将受案回执交报案人、控告人、举报人、扭送人；

（二）对属于公安机关职责范围，但不属于本单位管辖的，应当在二十四小时内移送有管辖权的单位处理，并告知报案人、控告人、举报人、扭送人、投案人；

（三）对不属于公安机关职责范围的事项，在接报案时能够当场判断的，应当立即口头告知报案人、控告人、举报人、扭送人、投案人向其他主管机关报案或者投案，报案人、控告人、举报人、扭送人、投案人对口头告知内容有异议或者不能当场判断的，应当书面告知，但因没有联系方式、身份不明等客观原因无法书面告知的除外。

在日常执法执勤中发现的违法行为，适用前款规定。

第六十二条 属于公安机关职责范围但不属于本单位管辖的案件，具有下列情形之一的，受理案件或者发现案件的公安机关及其人民警察应当依法先行采取必要的强制措施或者其他处置措施，再移送有管辖权的单位处理：

（一）违法嫌疑人正在实施危害行为的；

（二）正在实施违法行为或者违法后即时被发现的现行犯被扭送至公安机关的；

（三）在逃的违法嫌疑人已被抓获或者被发现的；

（四）有人员伤亡，需要立即采取救治措施的；

（五）其他应当采取紧急措施的情形。

行政案件移送管辖的，询问查证时间和扣押等措施的期限重新计算。

第六十三条 报案人不愿意公开自己的姓名和报案行为的，公安机关应当在受案登记时注明，并为其保密。

第六十四条 对报案人、控告人、举报人、扭送人、投案人提供的有关证据材料、物品等应当登记，出具接受证据清单，并妥善保管。必要时，应当拍照、录音、录像。移送案件时，应当将有关证据材料和物品一并移交。

第六十五条 对发现或者受理的案件暂时无法确定为刑事案件或者行政案件的，可以按照行政案件的程序办理。在办理过程中，认为涉嫌构成犯罪的，应当按照《公安机关办理刑事案件程序规定》办理。

第三节 询 问

第六十六条 询问违法嫌疑人，可以到违法嫌疑人住处或者单位进行，也可以将违法嫌疑人传唤到其所在市、县内的指定地点进行。

第六十七条 需要传唤违法嫌疑人接受调查的，经公安派出所、县级以上公安机关办案部门或者出入境边防检查机关负责人批准，使用传唤证传唤。对现场发现的违法嫌疑人，人民警察经出示人民警察证，可以口头传唤，并在询问笔录中注明违法嫌疑人到案经过、到案时间和离开时间。

单位违反公安行政管理规定，需要传唤其直接负责的主管人员和其他直接责任人员的，适用前款规定。

对无正当理由不接受传唤或者逃避传唤的违反治安管理、出境入境管理的嫌疑人以及法律规定可以强制传唤的其他违法嫌疑人，经公安派出所、县级以上公安机关办案部门或者出入境边防检查机关负责人批准，可以强制传唤。强制传唤时，可以依法使用手铐、警绳等约束性警械。

公安机关应当将传唤的原因和依据告知被传唤人，并通知其家属。公安机关通知被传唤人家属适用本规定第五十五条第一款第五项的规定。

第六十八条 使用传唤证传唤的，违法嫌疑人被传唤到案后和询问查证结束后，应当由其在传唤证上填写到案和离开时间并签名。拒绝填写或者签名的，办案人民警察应当在传唤证上注明。

第六十九条 对被传唤的违法嫌疑人，应当及时询问查证，询问查证的时间不得超过八小时；案情复杂，违法行为依法可能适用行政拘留处罚的，询问查证的时间不得超过二十四小时。

不得以连续传唤的形式变相拘禁违法嫌疑人。

第七十条 对于投案自首或者群众扭送的违法嫌疑人，公安机关应当立即进行询问查证，并在询问笔录中记明违法嫌疑人到案经过、到案和离开时间。询问查证时间适用本规定第六十九条第一款的规定。

对于投案自首或者群众扭送的违法嫌疑人，公安机关应当适用本规定第五十五条第一款第五项的规定通知其家属。

第七十一条 在公安机关询问违法嫌疑人，应当在办案场所进行。

询问查证期间应当保证违法嫌疑人的饮食和必要的休息时间，并在询问笔录中注明。

在询问查证的间隙期间，可以将违法嫌疑人送入候问室，并按照候问室的管理规定执行。

第七十二条 询问违法嫌疑人、被侵害人或者其他证人，应当个别进行。

第七十三条 首次询问违法嫌疑人时，应当问明违法嫌疑人的姓名、出生日期、户籍所在地、现住址、身份证件种类及号码，是否为各级人民代表大会代表，是否受过刑事处罚或者行政拘留、强制隔离戒毒、社区戒毒、收容教养等情况。必要时，还应当问明其家庭主要成员、工作单位、文化程度、民族、身体状况等情况。

违法嫌疑人为外国人的，首次询问时还应当问明其国籍、出入境证件种类及号码、签证种类、入境时间、入境事由等情况。必要时，还应当问明其在华关系人等情况。

第七十四条 询问时，应当告知被询问人必须如实提供证据、证言和故意作伪证或者隐匿证据应负的法律责任，对与本案无关的问题有拒绝回答的权利。

第七十五条 询问未成年人时，应当通知其父母或者其他监护人到场，其父母或者其他监护人不能到场的，也可以通知未成年人的其他成年亲属，所在学校、单位、居住地基层组织或者未成年人保护组织的代表到场，并将有关情况记录在案。确实无法通知或者通知后未到场的，应当在询问笔录中注明。

第七十六条 询问聋哑人，应当有通晓手语的人提供帮助，并在询问笔录中注明被询问人的聋哑情况以及翻译人员的姓名、住址、工作单位和联系方式。

对不通晓当地通用的语言文字的被询问人，应当为其配备翻译人员，并在询问笔录中注明翻译人员的姓名、住址、工作单位和联系方式。

第七十七条 询问笔录应当交被询问人核对，对没有阅读能力的，应当向其宣读。记录有误或者遗漏的，应当允许被询问人更正或者补充，并要求其在修改处捺指印。被询问人确认笔录无误后，应当在询问笔录上逐页签名或者捺指印。拒绝签名和捺指印的，办案人民警察应当在询问笔录中注明。

办案人民警察应当在询问笔录上签名，翻译人员应当在询问笔录的结尾处签名。

询问时，可以全程录音、录像，并保持录音、录像资料的完整性。

第七十八条 询问违法嫌疑人时，应当听取违法嫌疑人的陈述和申辩。对违法嫌疑人的陈述和申辩，应当核查。

第七十九条 询问被侵害人或者其他证人，可以在现场进行，也可以到其单位、学校、住所、其居住地居（村）民委员会或者其提出的地点进行。必要时，也可以书面、电话或者当场通知其到公安机关提供证言。

在现场询问的，办案人民警察应当出示人民警察证。

询问前，应当了解被询问人的身份以及其与被侵害人、其他证人、违法嫌疑人之间的关系。

第八十条 违法嫌疑人、被侵害人或者其他证人请求自行提供书面材料的，应当准许。必要时，办案人民警察也可以要求违法嫌疑人、被侵害人或者其他证人自行书写。违法嫌疑人、被侵害人或者其他证人应当在其提供的书面材料的结尾处签名或者捺指印。对打印的书面材料，违法嫌疑人、被侵害人或者其他证人应当逐页签名或者捺指印。办案人民警察收到书面材料后，应当在首页注明收到日期，并签名。

第四节　勘验、检查

第八十一条 对于违法行为案发现场，必要时应当进行勘验，提取与案件有关的证据材料，判断案件性质，确定调查方向和范围。

现场勘验参照刑事案件现场勘验的有关规定执行。

第八十二条 对与违法行为有关的场所、物品、人身可以进行检查。检查时，人民警察不得少于二人，并应当出示人民警察证和县级以上公安机关开具的检查证。对确有必要立即进行检查的，人民警察经出示人民警察证，可以当场检查；但检查公民住所的，必须有证据表明或者有群众报警公民住所内正在发生危害公共安全或者公民人身安全的案（事）件，或者违法存放危险物质，不立即检查可能会对公共安全或者公民人身、财产安全造成重大危害。

对机关、团体、企业、事业单位或者公共场所进行日常执法监督检查，依照有关法律、法规和规章执行，不适用前款规定。

第八十三条 对违法嫌疑人，可以依法提取或者采集肖像、指纹等人体生物识别信息；涉嫌酒后驾驶机动车、吸毒、从事恐怖活动等违法行为的，可以依照《中华人民共和国道路交通安全法》《中华人民共和国禁毒法》《中华人民共和国反恐怖主义法》等规定提取或者采集血液、尿液、毛发、脱落细胞等生物样本。人身安全检查和当场检查时已经提取、采集的信息，不再提取、采集。

第八十四条 对违法嫌疑人进行检查时，应当尊重被检查人的人格尊严，不得以有损人格尊严的方式进行检查。

检查妇女的身体，应当由女性工作人员进行。

依法对卖淫、嫖娼人员进行性病检查，应当由医生进行。

第八十五条 检查场所或者物品时，应当注意避免对物品造成不必要的损坏。

检查场所时，应当有被检查人或者见证人在场。

第八十六条 检查情况应当制作检查笔录。检查笔录由检查人员、被检查人或者见证人签名；被检查人不在场或者拒绝签名的，办案人民警察应当在检查笔录中注明。

检查时的全程录音录像可以替代书面检查笔录，但应当对视听资料的关键内容和相应时间段等作文字说明。

第五节 鉴　　定

第八十七条 为了查明案情，需要对专门性技术问题进行鉴定的，应当指派或者聘请具有专门知识的人员进行。

需要聘请本公安机关以外的人进行鉴定的，应当经公安机关办案部门负责人批准后，制作鉴定聘请书。

第八十八条 公安机关应当为鉴定提供必要的条件，及时送交有关检材和比对样本等原始材料，介绍与鉴定有关的情况，并且明确提出要求鉴定解决的问题。

办案人民警察应当做好检材的保管和送检工作，并注明检材送检环节的责任人，确保检材在流转环节中的同一性和不被污染。

禁止强迫或者暗示鉴定人作出某种鉴定意见。

第八十九条 对人身伤害的鉴定由法医进行。

卫生行政主管部门许可的医疗机构具有执业资格的医生出具的诊断证明，可以作为公安机关认定人身伤害程度的依据，但具有本规定第九十条规定情形的除外。

对精神病的鉴定，由有精神病鉴定资格的鉴定机构进行。

第九十条 人身伤害案件具有下列情形之一的，公安机关应当进行伤情鉴定：

（一）受伤程度较重，可能构成轻伤以上伤害程度的；

（二）被侵害人要求作伤情鉴定的；

（三）违法嫌疑人、被侵害人对伤害程度有争议的。

第九十一条 对需要进行伤情鉴定的案件，被侵害人拒绝提供诊断证明或者拒绝进行伤情鉴定的，公安机关应当将有关情况记录在案，并可以根据已认定的事实作出处理决定。

经公安机关通知，被侵害人无正当理由未在公安机关确定的时间内作伤情鉴定的，视为拒绝鉴定。

第九十二条 对电子数据涉及的专门性问题难以确定的，由司法鉴定机构出具鉴定意见，或者由公安部指定的机构出具报告。

第九十三条 涉案物品价值不明或者难以确定的，公安机关应当委托价格鉴证机构估价。

根据当事人提供的购买发票等票据能够认定价值的涉案物品，或者价值明显不够刑事立案标准的涉案物品，公安机关可以不进行价格鉴证。

第九十四条 对涉嫌吸毒的人员，应当进行吸毒检测，被检测人员应当配合；对拒绝接受检测的，经县级以上公安机关或者其派出机构负责人批准，可以强制检测。采集女性被检测人检测样本，应当由女性工作人员进行。

对涉嫌服用国家管制的精神药品、麻醉药品驾驶机动车的人员，可以对其进行体内国家管制的精神药品、麻醉药品含量检验。

第九十五条 对有酒后驾驶机动车嫌疑的人，应当对其进行呼气酒精测试，对具有下列情形之一的，应当立即提取血样，检验血液酒精含量：

（一）当事人对呼气酒精测试结果有异议的；

（二）当事人拒绝配合呼气酒精测试的；

（三）涉嫌醉酒驾驶机动车的；

（四）涉嫌饮酒后驾驶机动车发生交通事故的。

当事人对呼气酒精测试结果无异议的，应当签字确认。事后提出异议的，不予采纳。

第九十六条 鉴定人鉴定后，应当出具鉴定意见。鉴定意见应当载明委托人、委托鉴定的事项、提交鉴定的相关材料、鉴定的时间、依据和结论性意见等内容，并由鉴定人签名或者盖章。通过分析得出鉴定意见的，应当有分析过程的说明。鉴定意见应当附有鉴定机构和鉴定人的资质证明或者其他证明文件。

鉴定人对鉴定意见负责，不受任何机关、团体、企业、事业单位和个人的干涉。多人参加鉴定，对鉴定意见有不同意见的，应当注明。

鉴定人故意作虚假鉴定的，应当承担法律责任。

第九十七条 办案人民警察应当对鉴定意见进行审查。

对经审查作为证据使用的鉴定意见，公安机关应当在收到鉴定意见之日起五日内将鉴定意见复印件送达违法嫌疑人和被侵害人。

医疗机构出具的诊断证明作为公安机关认定人身伤害程度的依据的，应当将诊断证明结论书面告知违法嫌疑人和被侵害人。

违法嫌疑人或者被侵害人对鉴定意见有异议的，可以在收到鉴定意见复印件之日起三日内提出重新鉴定的申请，经县级以上公安机关批准后，进行重新鉴定。同一行政案件的同一事项重新鉴定以一次为限。

当事人是否申请重新鉴定，不影响案件的正常办理。

公安机关认为必要时，也可以直接决定重新鉴定。

第九十八条 具有下列情形之一的，应当进行重新鉴定：

（一）鉴定程序违法或者违反相关专业技术要求，可能影响鉴定意见正确性的；

（二）鉴定机构、鉴定人不具备鉴定资质和条件的；

（三）鉴定意见明显依据不足的；

（四）鉴定人故意作虚假鉴定的；

（五）鉴定人应当回避而没有回避的；

（六）检材虚假或者被损坏的；

（七）其他应当重新鉴定的。

不符合前款规定情形的，经县级以上公安机关负责人批准，作出不准予重新鉴定的决定，并在作出决定之日起的三日以内书面通知申请人。

第九十九条 重新鉴定，公安机关应当另行指派或者聘请鉴定人。

第一百条 鉴定费用由公安机关承担，但当事人自行鉴定的除外。

第六节 辨 认

第一百零一条 为了查明案情，办案人民警察可以让违法嫌疑人、被侵害人或者其他证人对与违法行为有关的物品、场所或者违法嫌疑人进行辨认。

第一百零二条 辨认由二名以上办案人民警察主持。

组织辨认前，应当向辨认人详细询问辨认对象的具体特征，并避免辨认人见到辨认对象。

第一百零三条 多名辨认人对同一辨认对象或者一名辨认人对多名辨认对象进行辨认时，应当个别进行。

第一百零四条 辨认时，应当将辨认对象混杂在特征相类似的其他对象中，不得给辨认人任何暗示。

辨认违法嫌疑人时，被辨认的人数不得少于七人；对违法嫌疑人照片进行辨认的，不得少于十人的照片。

辨认每一件物品时，混杂的同类物品不得少于五件。

同一辨认人对与同一案件有关的辨认对象进行多组辨认的，不得重复使用陪衬照片或者陪衬人。

第一百零五条 辨认人不愿意暴露身份的，对违法嫌疑人的辨认可以在不暴露辨认人的情况下进行，公安机关及其人民警察应当为其保守秘密。

第一百零六条 辨认经过和结果，应当制作辨认笔录，由办案人民警察和辨认人签名或者捺指印。必要时，应当对辨认过程进行录音、录像。

第七节 证据保全

第一百零七条 对下列物品，经公安机关负责人批准，可以依法扣押或者扣留：

（一）与治安案件、违反出境入境管理的案件有关的需要作为证据的物品；

（二）道路交通安全法律、法规规定适用扣留的车辆、机动车驾驶证；

（三）《中华人民共和国反恐怖主义法》等法律、法规规定适用扣押或者扣留的物品。

对下列物品，不得扣押或者扣留：

（一）与案件无关的物品；

（二）公民个人及其所扶养家属的生活必需品；

（三）被侵害人或者善意第三人合法占有的财产。

对具有本条第二款第二项、第三项情形的，应当予以登记，写明登记财物的名称、规格、数量、特征，并由占有人签名或者捺指印。必要时，可以进行拍照。但是，与案件有关必须鉴定的，可以依法扣押，结束后应当立即解除。

第一百零八条 办理下列行政案件时，对专门用于从事无证经营活动的场所、设施、物品，经公安机关负责人批准，可以依法查封。但对与违法行为无关的场所、设施，公民个人及其扶养家属的生活必需品不得查封：

（一）擅自经营按照国家规定需要由公安机关许可的行业的；

（二）依照《娱乐场所管理条例》可以由公安机关采取取缔措施的；

（三）《中华人民共和国反恐怖主义法》等法律、法规规定适用查封的其他公安行政案件。

场所、设施、物品已被其他国家机关依法查封的，不得重复查封。

第一百零九条 收集证据时，经公安机关办案部门负责人批准，可以采取抽样取证的方法。

抽样取证应当采取随机的方式，抽取样品的数量以能够认定本品的品质特征为限。

抽样取证时，应当对抽样取证的现场、被抽样物品及被抽取的样品进行拍照或者对抽样过程进行录像。

对抽取的样品应当及时进行检验。经检验，能够作为证据使用的，应当依法扣押、先行登记保存或者登记；不属于证据的，应当及时返还样品。样品有减损的，应当予以补偿。

第一百一十条 在证据可能灭失或者以后难以取得的情况下，经公安机关办案部门负责人批准，可以先行登记保存。

先行登记保存期间，证据持有人及其他人员不得损毁或者转移证据。

对先行登记保存的证据，应当在七日内作出处理决定。逾期不作出处理决定的，视为自动解除。

第一百一十一条 实施扣押、扣留、查封、抽样取证、先行登记保存等证据保全措施时，应当会同当事人查点清楚，制作并当场交付证据保全决定书。

必要时，应当对采取证据保全措施的证据进行拍照或者对采取证据保全的过程进行录像。证据保全决定书应当载明下列事项：

（一）当事人的姓名或者名称、地址；

（二）抽样取证、先行登记保存、扣押、扣留、查封的理由、依据和期限；

（三）申请行政复议或者提起行政诉讼的途径和期限；

（四）作出决定的公安机关的名称、印章和日期。

证据保全决定书应当附清单，载明被采取证据保全措施的场所、设施、物品的名称、规格、数量、特征等，由办案人民警察和当事人签名后，一份交当事人，一份附卷。有见证人的，还应当由见证人签名。当事人或者见证人拒绝签名的，办案人民警察应当在证据保全清单上注明。

对可以作为证据使用的录音带、录像带，在扣押时应当予以检查，记明案由、内容以及录取和复制的时间、地点等，并妥为保管。

对扣押的电子数据原始存储介质，应当封存，保证在不解除封存状态的情况下，无法增加、删除、修改电子数据，并在证据保全清单中记录封存状态。

第一百一十二条 扣押、扣留、查封期限为三十日，情况复杂的，经县级以上公安机关负责人批准，可以延长三十日；法律、行政法规另有规定的除外。延长扣押、扣留、查封期限的，应当及时书面告知当事人，并说明理由。

对物品需要进行鉴定的，鉴定期间不计入扣押、扣留、查封期间，但应当将鉴定的期间书面告知当事人。

第一百一十三条 公安机关对恐怖活动嫌疑人的存款、汇款、债券、股票、基金份额等财产采取冻结措施的，应当经县级以上公安机关负责人批准，向金融机构交付冻结通知书。

作出冻结决定的公安机关应当在三日内向恐怖活动嫌疑人交付冻结决定书。冻结决定书应当载明下列事项：

（一）恐怖活动嫌疑人的姓名或者名称、地址；

（二）冻结的理由、依据和期限；

（三）冻结的账号和数额；

（四）申请行政复议或者提起行政诉讼的途径和期限；

（五）公安机关的名称、印章和日期。

第一百一十四条 自被冻结之日起二个月内，公安机关应当作出处理决定或者解除冻结；情况复杂的，经上一级公安机关负责人批准，可以延长一个月。

延长冻结的决定应当及时书面告知恐怖活动嫌疑人，并说明理由。

第一百一十五条 有下列情形之一的，公安机关应当立即退还财物，并由当事人签名确认；不涉及财物退还的，应当书面通知当事人解除证据保全：

（一）当事人没有违法行为的；

（二）被采取证据保全的场所、设施、物品、财产与违法行为无关的；

（三）已经作出处理决定，不再需要采取证据保全措施的；

（四）采取证据保全措施的期限已经届满的；

（五）其他不再需要采取证据保全措施的。

作出解除冻结决定的，应当及时通知金融机构。

第一百一十六条 行政案件变更管辖时，与案件有关的财物及其孳息应当随案移交，并书面告知当事人。移交时，由接收人、移交人当面查点清楚，并在交接单据上共同签名。

第八节 办案协作

第一百一十七条 办理行政案件需要异地公安机关协作的，应当制作办案协作函件。负责协作的公安机关接到请求协作的函件后，应当办理。

第一百一十八条 需要到异地执行传唤的，办案人民警察应当持传唤证、办案协作函件和人民警察证，与协作地公安机关联系，在协作地公安机关的协作下进行传唤。协作地公安机关应当协助将违法嫌疑人传唤到其所在市、县内的指定地点或者到其住处、单位进行询问。

第一百一十九条 需要异地办理检查、查询，查封、扣押或者冻结与案件有关的财物、文件的，应当持相关的法律文书、办案协作函件和人民警察证，与协作地公安机关联系，协作地公安机关应当协助执行。

在紧急情况下，可以将办案协作函件和相关的法律文书传真或者通过执法办案信息系统发送至协作地公安机关，协作地公安机关应当及时采取措施。办案地公安机关应当立即派员前往协作地办理。

第一百二十条 需要进行远程视频询问、处罚前告知的，应当由协作地公安机关事先核实被询问、告知人的身份。办案地公安机关应当制作询问、告知笔录并传输至协作地公安机关。询问、告知笔录经被询问、告知人确认并逐页签名或者捺指印后，由协作地公安机关协作人员签名或者盖章，并将原件或者电子签名笔录提供给办案地公安机关。办案地公安机关负责询问、告知的人民警察应当在首页注明收到日期，并签名或者盖章。询问、告知过程应当全程录音录像。

第一百二十一条 办案地公安机关可以委托异地公安机关代为询问、向有关单位和个人调取电子数据、接收自行书写材料、进行辨认、履行处罚前告知程序、送达法律文书等工作。

委托代为询问、辨认、处罚前告知的，办案地公安机关应当列出明确具体的询问、辨认、告知提纲，提供被辨认对象的照片和陪衬照片。

委托代为向有关单位和个人调取电子数据的，办案地公安机关应当将办案协作函件和相关法律文书传真或者通过执法办案信息系统发送至协作地公安机关，由协作地公安机关办案部门审核确认后办理。

第一百二十二条 协作地公安机关依照办案地公安机关的要求，依法履行办案协作职责所产生的法律责任，由办案地公安机关承担。

第八章 听证程序

第一节 一般规定

第一百二十三条 在作出下列行政处罚决定之前，应当告知违法嫌疑人有要求举行听证的权利：

（一）责令停产停业；

（二）吊销许可证或者执照；

（三）较大数额罚款；

（四）法律、法规和规章规定违法嫌疑人可以要求举行听证的其他情形。

前款第三项所称“较大数额罚款”，是指对个人处以二千元以上罚款，对单位处以一万元以上罚款，对违反边防出境入境管理法律、法规和规章的个人处以六千元以上罚款。对依据地方性法规或者地方政府规章作出的罚款处罚，适用听证的罚款数额按照地方规定执行。

第一百二十四条 听证由公安机关法制部门组织实施。

依法具有独立执法主体资格的公安机关业务部门以及出入境边防检查站依法作出行政处罚决定的，由其非本案调查人员组织听证。

第一百二十五条 公安机关不得因违法嫌疑人提出听证要求而加重处罚。

第一百二十六条 听证人员应当就行政案件的事实、证据、程序、适用法律等方面全面听取当事人陈述和申辩。

第二节 听证人员和听证参加人

第一百二十七条 听证设听证主持人一名，负责组织听证；记录员一名，负责制作听证笔录。必要时，可以设听证员一至二名，协助听证主持人进行听证。

本案调查人员不得担任听证主持人、听证员或者记录员。

第一百二十八条 听证主持人决定或者开展下列事项：

（一）举行听证的时间、地点；

（二）听证是否公开举行；

（三）要求听证参加人到场参加听证，提供或者补充证据；

（四）听证的延期、中止或者终止；

（五）主持听证，就案件的事实、理由、证据、程序、适用法律等组织质证和辩论；

（六）维持听证秩序，对违反听证纪律的行为予以制止；

（七）听证员、记录员的回避；

（八）其他有关事项。

第一百二十九条 听证参加人包括：

（一）当事人及其代理人；

（二）本案办案人民警察；

（三）证人、鉴定人、翻译人员；

（四）其他有关人员。

第一百三十条 当事人在听证活动中享有下列权利：

（一）申请回避；

（二）委托一至二人代理参加听证；

（三）进行陈述、申辩和质证；

（四）核对、补正听证笔录；

（五）依法享有的其他权利。

第一百三十一条 与听证案件处理结果有直接利害关系的其他公民、法人或者其他组织，作为第三人申请参加听证的，应当允许。为查明案情，必要时，听证主持人也可以通知其参加听证。

第三节 听证的告知、申请和受理

第一百三十二条 对适用听证程序的行政案件，办案部门在提出处罚意见后，应当告知违法嫌疑人拟作出的行政处罚和有要求举行听证的权利。

第一百三十三条 违法嫌疑人要求听证的，应当在公安机关告知后三日内提出申请。

第一百三十四条 违法嫌疑人放弃听证或者撤回听证要求后，处罚决定作出前，又提出听证要求的，只要在听证申请有效期限内，应当允许。

第一百三十五条 公安机关收到听证申请后，应当在二日内决定是否受理。认为听证申请人的要求不符合听证条件，决定不予受理的，应当制作不予受理听证通知书，告知听证申请人。逾期不通知听证申请人的，视为受理。

第一百三十六条 公安机关受理听证后，应当在举行听证的七日前将举行听证通知书送达听证申请人，并将举行听证的时间、地点通知其他听证参加人。

第四节 听证的举行

第一百三十七条 听证应当在公安机关收到听证申请之日起十日内举行。

除涉及国家秘密、商业秘密、个人隐私的行政案件外，听证应当公开举行。

第一百三十八条 听证申请人不能按期参加听证的，可以申请延期，是否准许，由听证主持人决定。

第一百三十九条 二个以上违法嫌疑人分别对同一行政案件提出听证要求的，可以合并举行。

第一百四十条 同一行政案件中有二个以上违法嫌疑人，其中部分违法嫌疑人提出听证申请的，应当在听证举行后一并作出处理决定。

第一百四十一条 听证开始时，听证主持人核对听证参加人；宣布案由；宣布听证员、记录员和翻译人员名单；告知当事人在听证中的权利和义务；询问当事人是否提出回避申请；对不公开听证的行政案件，宣布不公开听证的理由。

第一百四十二条 听证开始后，首先由办案人民警察提出听证申请人违法的事实、证据和法律依据及行政处罚意见。

第一百四十三条 办案人民警察提出证据时，应当向听证会出示。对证人证言、鉴定意见、勘验笔录和其他作为证据的文书，应当当场宣读。

第一百四十四条 听证申请人可以就办案人民警察提出的违法事实、证据和法律依据以及行政处罚意见进行陈述、申辩和质证，并可以提出新的证据。

第三人可以陈述事实，提出新的证据。

第一百四十五条 听证过程中，当事人及其代理人有权申请通知新的证人到会作证，调取新的证据。对上述申请，听证主持人应当当场作出是否同意的决定；申请重新鉴定的，按照本规定第七章第五节有关规定办理。

第一百四十六条 听证申请人、第三人和办案人民警察可以围绕案件的事实、证据、程序、适用法律、处罚种类和幅度等问题进行辩论。

第一百四十七条 辩论结束后，听证主持人应当听取听证申请人、第三人、办案人民警察各方最后陈述意见。

第一百四十八条 听证过程中，遇有下列情形之一，听证主持人可以中止听证：

（一）需要通知新的证人到会、调取新的证据或者需要重新鉴定或者勘验的；

（二）因回避致使听证不能继续进行的；

（三）其他需要中止听证的。

中止听证的情形消除后，听证主持人应当及时恢复听证。

第一百四十九条 听证过程中，遇有下列情形之一，应当终止听证：

（一）听证申请人撤回听证申请的；

（二）听证申请人及其代理人无正当理由拒不出席或者未经听证主持人许可中途退出听证的；

（三）听证申请人死亡或者作为听证申请人的法人或者其他组织被撤销、解散的；

（四）听证过程中，听证申请人或者其代理人扰乱听证秩序，不听劝阻，致使听证无法正常进行的；

（五）其他需要终止听证的。

第一百五十条 听证参加人和旁听人员应当遵守听证会场纪律。对违反听证会场纪律的，听证主持人应当警告制止；对不听制止，干扰听证正常进行的旁听人员，责令其退场。

第一百五十一条 记录员应当将举行听证的情况记入听证笔录。听证笔录应当载明下列内容：

（一）案由；

（二）听证的时间、地点和方式；

（三）听证人员和听证参加人的身份情况；

（四）办案人民警察陈述的事实、证据和法律依据以及行政处罚意见；

（五）听证申请人或者其代理人的陈述和申辩；

（六）第三人陈述的事实和理由；

（七）办案人民警察、听证申请人或者其代理人、第三人质证、辩论的内容；

（八）证人陈述的事实；

（九）听证申请人、第三人、办案人民警察的最后陈述意见；

（十）其他事项。

第一百五十二条 听证笔录应当交听证申请人阅读或者向其宣读。听证笔录中的证人陈述部分，应当交证人阅读或者向其宣读。听证申请人或者证人认为听证笔录有误的，可以请求补充或者改正。听证申请人或者证人审核无误后签名或者捺指印。听证申请人或者证人拒绝的，由记录员在听证笔录中记明情况。

听证笔录经听证主持人审阅后，由听证主持人、听证员和记录员签名。

第一百五十三条 听证结束后，听证主持人应当写出听证报告书，连同听证笔录一并报送公安机关负责人。

听证报告书应当包括下列内容：

（一）案由；

（二）听证人员和听证参加人的基本情况；

（三）听证的时间、地点和方式；

（四）听证会的基本情况；

（五）案件事实；

（六）处理意见和建议。

第九章　行政处理决定

第一节　行政处罚的适用

第一百五十四条 违反治安管理行为在六个月内没有被公安机关发现，其他违法行为在二年内没有被公安机关发现的，不再给予行政处罚。

前款规定的期限，从违法行为发生之日起计算，违法行为有连续、继续或者持续状态的，从行为终了之日起计算。

被侵害人在违法行为追究时效内向公安机关控告，公安机关应当受理而不受理的，不受本条第一款追究时效的限制。

第一百五十五条 实施行政处罚时，应当责令违法行为人当场或者限期改正违法行为。

第一百五十六条 对违法行为人的同一个违法行为，不得给予两次以上罚款的行政处罚。

第一百五十七条 不满十四周岁的人有违法行为的，不予行政处罚，但是应当责令其监护人严加管教，并在不予行政处罚决定书中载明。已满十四周岁不满十八周岁的人有违法行为的，从轻或者减轻行政处罚。

第一百五十八条 精神病人在不能辨认或者不能控制自己行为时有违法行为的，不予行政处罚，但应当责令其监护人严加看管和治疗，并在不予行政处罚决定书中载明。间歇性精神病人在精神正常时有违法行为的，应当给予行政处罚。尚未完全丧失辨认或者控制自己行为能力的精神病人有违法行为的，应当予以行政处罚，但可以从轻或者减轻行政处罚。

第一百五十九条 违法行为人有下列情形之一的，应当从轻、减轻处罚或者不予行政处罚：

（一）主动消除或者减轻违法行为危害后果，并取得被侵害人谅解的；

（二）受他人胁迫或者诱骗的；

（三）有立功表现的；

（四）主动投案，向公安机关如实陈述自己的违法行为的；

（五）其他依法应当从轻、减轻或者不予行政处罚的。

违法行为轻微并及时纠正，没有造成危害后果的，不予行政处罚。

盲人或者又聋又哑的人违反治安管理的，可以从轻、减轻或者不予行政处罚；醉酒的人违反治安管理的，应当给予处罚。

第一百六十条 违法行为人有下列情形之一的，应当从重处罚：

（一）有较严重后果的；

（二）教唆、胁迫、诱骗他人实施违法行为的；

（三）对报案人、控告人、举报人、证人等打击报复的；

（四）六个月内曾受过治安管理处罚或者一年内因同类违法行为受到两次以上公安行政处罚的；

（五）刑罚执行完毕三年内，或者在缓刑期间，违反治安管理的。

第一百六十一条 一人有两种以上违法行为的，分别决定，合并执行，可以制作一份决定书，分别写明对每种违法行为的处理内容和合并执行的内容。

一个案件有多个违法行为人的，分别决定，可以制作一式多份决定书，写明给予每个人的处理决定，分别送达每一个违法行为人。

第一百六十二条 行政拘留处罚合并执行的，最长不超过二十日。

行政拘留处罚执行完毕前，发现违法行为人有其他违法行为，公安机关依法作出行政拘留决定的，与正在执行的行政拘留合并执行。

第一百六十三条 对决定给予行政拘留处罚的人，在处罚前因同一行为已经被采取强制措施限制人身自由的时间应当折抵。限制人身自由一日，折抵执行行政拘留一日。询问查证、继续盘问和采取约束措施的时间不予折抵。

被采取强制措施限制人身自由的时间超过决定的行政拘留期限的，行政拘留决定不再执行。

第一百六十四条 违法行为人具有下列情形之一，依法应当给予行政拘留处罚的，应当作出处罚决定，但不送拘留所执行：

（一）已满十四周岁不满十六周岁的；

（二）已满十六周岁不满十八周岁，初次违反治安管理或者其他公安行政管理的。但是，曾被收容教养、被行政拘留依法不执行行政拘留或者曾因实施扰乱公共秩序，妨害公共安全，侵犯人身权利、财产权利，妨害社会管理的行为被人民法院判决有罪的除外；

（三）七十周岁以上的；

（四）孕妇或者正在哺乳自己婴儿的妇女。

第二节 行政处理的决定

第一百六十五条 公安机关办理治安案件的期限，自受理之日起不得超过三十日；案情重大、复杂的，经上一级公安机关批准，可以延长三十日。办理其他行政案件，有法定办案期限的，按照相关法律规定办理。

为了查明案情进行鉴定的期间，不计入办案期限。

对因违反治安管理行为人不明或者逃跑等客观原因造成案件在法定期限内无法作出行政处理决定的，公安机关应当继续进行调查取证，并向被侵害人说明情况，及时依法作出处理决定。

第一百六十六条 违法嫌疑人不讲真实姓名、住址，身份不明，但只要违法事实清楚、证据确实充分的，可以按其自报的姓名并贴附照片作出处理决定，并在相关法律文书中注明。

第一百六十七条 在作出行政处罚决定前，应当告知违法嫌疑人拟作出行政处罚决定的事实、理由及依据，并告知违法嫌疑人依法享有陈述权和申辩权。单位违法的，应当告知其法定代表人、主要负责人或者其授权的人员。

适用一般程序作出行政处罚决定的，采用书面形式或者笔录形式告知。

依照本规定第一百七十二条第一款第三项作出不予行政处罚决定的，可以不履行本条第一款规定的告知程序。

第一百六十八条 对违法行为事实清楚，证据确实充分，依法应当予以行政处罚，因违法行为人逃跑等原因无法履行告知义务的，公安机关可以采取公告方式予以告知。自公告之日起七日内，违法嫌疑人未提出申辩的，可以依法作出行政处罚决定。

第一百六十九条 违法嫌疑人有权进行陈述和申辩。对违法嫌疑人提出的新的事实、理由和证据，公安机关应当进行复核。

公安机关不得因违法嫌疑人申辩而加重处罚。

第一百七十条 对行政案件进行审核、审批时，应当审查下列内容：

（一）违法嫌疑人的基本情况；

（二）案件事实是否清楚，证据是否确实充分；

（三）案件定性是否准确；

（四）适用法律、法规和规章是否正确；

（五）办案程序是否合法；

（六）拟作出的处理决定是否适当。

第一百七十一条 法制员或者办案部门指定的人员、办案部门负责人、法制部门的人员可以作为行政案件审核人员。

初次从事行政处罚决定审核的人员，应当通过国家统一法律职业资格考试取得法律职业资格。

第一百七十二条 公安机关根据行政案件的不同情况分别作出下列处理决定：

（一）确有违法行为，应当给予行政处罚的，根据其情节和危害后果的轻重，作出行政处罚决定；

（二）确有违法行为，但有依法不予行政处罚情形的，作出不予行政处罚决定；有违法所得和非法财物、违禁品、管制器具的，应当予以追缴或者收缴；

（三）违法事实不能成立的，作出不予行政处罚决定；

（四）对需要给予社区戒毒、强制隔离戒毒、收容教养等处理的，依法作出决定；

（五）违法行为涉嫌构成犯罪的，转为刑事案件办理或者移送有权处理的主管机关、部门办理，无需撤销行政案件。公安机关已经作出行政处理决定的，应当附卷；

（六）发现违法行为人有其他违法行为的，在依法作出行政处理决定的同时，通知有关行政主管部门处理。

对已经依照前款第三项作出不予行政处罚决定的案件，又发现新的证据的，应当依法及时调查；违法行为能够认定的，依法重新作出处理决定，并撤销原不予行政处罚决定。

治安案件有被侵害人的，公安机关应当在作出不予行政处罚或者处罚决定之日起二日内将决定书复印件送达被侵害人。无法送达的，应当注明。

第一百七十三条 行政拘留处罚由县级以上公安机关或者出入境边防检查机关决定。依法应当对违法行为人予以行政拘留的，公安派出所、依法具有独立执法主体资格的公安机关业务部门应当报其所属的县级以上公安机关决定。

第一百七十四条 对县级以上的各级人民代表大会代表予以行政拘留的，作出处罚决定前应当经该级人民代表大会主席团或者人民代表大会常务委员会许可。

对乡、民族乡、镇的人民代表大会代表予以行政拘留的，作出决定的公安机关应当立即报告乡、民族乡、镇的人民代表大会。

第一百七十五条 作出行政处罚决定的，应当制作行政处罚决定书。决定书应当载明下列内容：

（一）被处罚人的姓名、性别、出生日期、身份证件种类及号码、户籍所在地、现住址、工作单位、违法经历以及被处罚单位的名称、地址和法定代表人；

（二）违法事实和证据以及从重、从轻、减轻等情节；

（三）处罚的种类、幅度和法律依据；

（四）处罚的执行方式和期限；

（五）对涉案财物的处理结果及对被处罚人的其他处理情况；

（六）对处罚决定不服，申请行政复议、提起行政诉讼的途径和期限；

（七）作出决定的公安机关的名称、印章和日期。

作出罚款处罚的，行政处罚决定书应当载明逾期不缴纳罚款依法加处罚款的标准和最高限额；对涉案财物作出处理的，行政处罚决定书应当附没收、收缴、追缴物品清单。

第一百七十六条 作出行政拘留处罚决定的，应当及时将处罚情况和执行场所或者依法不执行的情况通知被处罚人家属。

作出社区戒毒决定的，应当通知被决定人户籍所在地或者现居住地的城市街道办事处、乡镇人民政府。作出强制隔离戒毒、收容教养决定的，应当在法定期限内通知被决定人的家属、所在单位、户籍所在地公安派出所。

被处理人拒不提供家属联系方式或者不讲真实姓名、住址，身份不明的，可以不予通知，但应当在附卷的决定书中注明。

第一百七十七条 公安机关办理的刑事案件，尚不够刑事处罚，依法应当给予公安行政处理的，经县级以上公安机关负责人批准，依照本章规定作出处理决定。

第十章 治安调解

第一百七十八条 对于因民间纠纷引起的殴打他人、故意伤害、侮辱、诽谤、诬告陷害、故意损毁财物、干扰他人正常生活、侵犯隐私、非法侵入住宅等违反治安管理行为，情节较轻，且具有下列情形之一的，可以调解处理：

（一）亲友、邻里、同事、在校学生之间因琐事发生纠纷引起的；

（二）行为人的侵害行为系由被侵害人事前的过错行为引起的；

（三）其他适用调解处理更易化解矛盾的。

对不构成违反治安管理行为的民间纠纷，应当告知当事人向人民法院或者人民调解组织申请处理。

对情节轻微、事实清楚、因果关系明确，不涉及医疗费用、物品损失或者双方当事人对医疗费用和物品损失的赔付无争议，符合治安调解条件，双方当事人同意当场调解并当场履行的治安案件，可以当场调解，并制作调解协议书。当事人基本情况、主要违法事实和协议内容在现场录音录像中明确记录的，不再制作调解协议书。

第一百七十九条 具有下列情形之一的，不适用调解处理：

（一）雇凶伤害他人的；

（二）结伙斗殴或者其他寻衅滋事的；

（三）多次实施违反治安管理行为的；

（四）当事人明确表示不愿意调解处理的；

（五）当事人在治安调解过程中又针对对方实施违反治安管理行为的；

（六）调解过程中，违法嫌疑人逃跑的；

（七）其他不宜调解处理的。

第一百八十条 调解处理案件，应当查明事实，收集证据，并遵循合法、公正、自愿、及时的原则，注重教育和疏导，化解矛盾。

第一百八十一条 当事人中有未成年人的，调解时应当通知其父母或者其他监护人到场。但是，当事人为年满十六周岁以上的未成年人，以自己的劳动收入为主要生活来源，本人同意不通知的，可以不通知。

被侵害人委托其他人参加调解的，应当向公安机关提交委托书，并写明委托权限。违法嫌疑人不得委托他人参加调解。

第一百八十二条 对因邻里纠纷引起的治安案件进行调解时，可以邀请当事人居住地的居（村）民委员会的人员或者双方当事人熟悉的人员参加帮助调解。

第一百八十三条 调解一般为一次。对一次调解不成，公安机关认为有必要或者当事人申请的，可以再次调解，并应当在第一次调解后的七个工作日内完成。

第一百八十四条 调解达成协议的，在公安机关主持下制作调解协议书，双方当事人应当在调解协议书上签名，并履行调解协议。

调解协议书应当包括调解机关名称、主持人、双方当事人和其他在场人员的基本情况，案件发生时间、地点、人员、起因、经过、情节、结果等情况、协议内容、履行期限和方式等内容。

对调解达成协议的，应当保存案件证据材料，与其他文书材料和调解协议书一并归入案卷。

第一百八十五条 调解达成协议并履行的，公安机关不再处罚。对调解未达成协议或者达成协议后不履行的，应当对违反治安管理行为人依法予以处罚；对违法行为造成的损害赔偿纠纷，公安机关可以进行调解，调解不成的，应当告知当事人向人民法院提起民事诉讼。

调解案件的办案期限从调解未达成协议或者调解达成协议不履行之日起开始计算。

第一百八十六条 对符合本规定第一百七十八条规定的治安案件，当事人申请人民调解或者自行和解，达成协议并履行后，双方当事人书面申请并经公安机关认可的，公安机关不予治安管理处罚，但公安机关已依法作出处理决定的除外。

第十一章　涉案财物的管理和处理

第一百八十七条 对于依法扣押、扣留、查封、抽样取证、追缴、收缴的财物以及由公安机关负责保管的先行登记保存的财物，公安机关应当妥善保管，不得使用、挪用、调换或者损毁。造成损失的，应当承担赔偿责任。

涉案财物的保管费用由作出决定的公安机关承担。

第一百八十八条 县级以上公安机关应当指定一个内设部门作为涉案财物管理部门，负责对涉案财物实行统一管理，并设立或者指定专门保管场所，对涉案财物进行集中保管。涉案财物集中保管的范围，由地方公安机关根据本地区实际情况确定。

对价值较低、易于保管，或者需要作为证据继续使用，以及需要先行返还被侵害人的涉案财物，可以由办案部门设置专门的场所进行保管。办案部门应当指定不承担办案工作的民警负责本部门涉案财物的接收、保管、移交等管理工作；严禁由办案人员自行保管涉案财物。

对查封的场所、设施、财物，可以委托第三人保管，第三人不得损毁或者擅自转移、处置。因第三人的原因造成的损失，公安机关先行赔付后，有权向第三人追偿。

第一百八十九条 公安机关涉案财物管理部门和办案部门应当建立电子台账，对涉案财物逐一编号登记，载明案由、来源、保管状态、场所和去向。

第一百九十条 办案人民警察应当在依法提取涉案财物后的二十四小时内将财物移交涉案财物管理人员，并办理移交手续。对查封、冻结、先行登记保存的涉案财物，应当在采取措施后的二十四小时内，将法律文书复印件及涉案财物的情况送交涉案财物管理人员予以登记。

在异地或者在偏远、交通不便地区提取涉案财物的，办案人民警察应当在返回单位后的二十四小时内移交。

对情况紧急，需要在提取涉案财物后的二十四小时内进行鉴定、辨认、检验、检查等工作的，经办案部门负责人批准，可以在完成上述工作后的二十四小时内移交。

在提取涉案财物后的二十四小时内已将涉案财物处理完毕的，不再移交，但应当将处理涉案财物的相关手续附卷保存。

因询问、鉴定、辨认、检验、检查等办案需要，经办案部门负责人批准，办案人民警察可以调用涉案财物，并及时归还。

第一百九十一条 对容易腐烂变质及其他不易保管的物品、危险物品，经公安机关负责人批准，在拍照或者录像后依法变卖或者拍卖，变卖或者拍卖的价款暂予保存，待结案后按有关规定处理。

对易燃、易爆、毒害性、放射性等危险物品应当存放在符合危险物品存放条件的专门场所。

对属于被侵害人或者善意第三人合法占有的财物，应当在登记、拍照或者录像、估价后及时返还，并在案卷中注明返还的理由，将原物照片、清单和领取手续存卷备查。

对不宜入卷的物证，应当拍照入卷，原物在结案后按照有关规定处理。

第一百九十二条 有关违法行为查证属实后，对有证据证明权属明确且无争议的被侵害人合法财物及其孳息，凡返还不损害其他被侵害人或者利害关系人的利益，不影响案件正常办理的，应当在登记、拍照或者录像和估价后，及时发还被侵害人。办案人民警察应当在案卷材料中注明返还的理由，并将原物照片、清单和被侵害人的领取手续附卷。

第一百九十三条 在作出行政处理决定时，应当对涉案财物一并作出处理。

第一百九十四条 对在办理行政案件中查获的下列物品应当依法收缴：

（一）毒品、淫秽物品等违禁品；

（二）赌具和赌资；

（三）吸食、注射毒品的用具；

（四）伪造、变造的公文、证件、证明文件、票证、印章等；

（五）倒卖的车船票、文艺演出票、体育比赛入场券等有价票证；

（六）主要用于实施违法行为的本人所有的工具以及直接用于实施毒品违法行为的资金；

（七）法律、法规规定可以收缴的其他非法财物。

前款第六项所列的工具，除非有证据表明属于他人合法所有，可以直接认定为违法行为人本人所有。对明显无价值的，可以不作出收缴决定，但应当在证据保全文书中注明处理情况。

违法所得应当依法予以追缴或者没收。

多名违法行为人共同实施违法行为，违法所得或者非法财物无法分清所有人的，作为共同违法所得或者非法财物予以处理。

第一百九十五条 收缴由县级以上公安机关决定。但是，违禁品，管制器具，吸食、注射毒品的用具以及非法财物价值在五百元以下且当事人对财物价值无异议的，公安派出所可以收缴。

追缴由县级以上公安机关决定。但是，追缴的财物应当退还被侵害人的，公安派出所可以追缴。

第一百九十六条 对收缴和追缴的财物，经原决定机关负责人批准，按照下列规定分别处理：

（一）属于被侵害人或者善意第三人的合法财物，应当及时返还；

（二）没有被侵害人的，登记造册，按照规定上缴国库或者依法变卖、拍卖后，将所得款项上缴国库；

（三）违禁品、没有价值的物品，或者价值轻微，无法变卖、拍卖的物品，统一登记造册后销毁；

（四）对无法变卖或者拍卖的危险物品，由县级以上公安机关主管部门组织销毁或者交有关厂家回收。

第一百九十七条 对应当退还原主或者当事人的财物，通知原主或者当事人在六个月内来领取；原主不明确的，应当采取公告方式告知原主认领。在通知原主、当事人或者公告后六个月内，无人认领的，按无主财物处理，登记后上缴国库，或者依法变卖或者拍卖后，将所得款项上缴国库。遇有特殊情况的，可酌情延期处理，延长期限最长不超过三个月。

第十二章　执　　行

第一节　一般规定

第一百九十八条　公安机关依法作出行政处理决定后，被处理人应当在行政处理决定的期限内予以履行。逾期不履行的，作出行政处理决定的公安机关可以依法强制执行或者申请人民法院强制执行。

第一百九十九条　被处理人对行政处理决定不服申请行政复议或者提起行政诉讼的，行政处理决定不停止执行，但法律另有规定的除外。

第二百条　公安机关在依法作出强制执行决定或者申请人民法院强制执行前，应当事先催告被处理人履行行政处理决定。催告以书面形式作出，并直接送达被处理人。被处理人拒绝接受或者无法直接送达被处理人的，依照本规定第五章的有关规定送达。

催告书应当载明下列事项：

（一）履行行政处理决定的期限和方式；

（二）涉及金钱给付的，应当有明确的金额和给付方式；

（三）被处理人依法享有的陈述权和申辩权。

第二百零一条　被处理人收到催告书后有权进行陈述和申辩。公安机关应当充分听取并记录、复核。被处理人提出的事实、理由或者证据成立的，公安机关应当采纳。

第二百零二条　经催告，被处理人无正当理由逾期仍不履行行政处理决定，法律规定由公安机关强制执行的，公安机关可以依法作出强制执行决定。

在催告期间，对有证据证明有转移或者隐匿财物迹象的，公安机关可以作出立即强制执行决定。

强制执行决定应当以书面形式作出，并载明下列事项：

（一）被处理人的姓名或者名称、地址；

（二）强制执行的理由和依据；

（三）强制执行的方式和时间；

（四）申请行政复议或者提起行政诉讼的途径和期限；

（五）作出决定的公安机关名称、印章和日期。

第二百零三条 依法作出要求被处理人履行排除妨碍、恢复原状等义务的行政处理决定，被处理人逾期不履行，经催告仍不履行，其后果已经或者将危害交通安全的，公安机关可以代履行，或者委托没有利害关系的第三人代履行。

代履行应当遵守下列规定：

（一）代履行前送达决定书，代履行决定书应当载明当事人的姓名或者名称、地址，代履行的理由和依据、方式和时间、标的、费用预算及代履行人；

（二）代履行三日前，催告当事人履行，当事人履行的，停止代履行；

（三）代履行时，作出决定的公安机关应当派员到场监督；

（四）代履行完毕，公安机关到场监督人员、代履行人和当事人或者见证人应当在执行文书上签名或者盖章。

代履行的费用由当事人承担。但是，法律另有规定的除外。

第二百零四条 需要立即清理道路的障碍物，当事人不能清除的，或者有其他紧急情况需要立即履行的，公安机关可以决定立即实施代履行。当事人不在场的，公安机关应当在事后立即通知当事人，并依法作出处理。

第二百零五条 实施行政强制执行，公安机关可以在不损害公共利益和他人合法权益的情况下，与当事人达成执行协议。执行协议可以约定分阶段履行；当事人采取补救措施的，可以减免加处的罚款。

执行协议应当履行。被处罚人不履行执行协议的，公安机关应当恢复强制执行。

第二百零六条 当事人在法定期限内不申请行政复议或者提起行政诉讼，又不履行行政处理决定的，法律没有规定公安机关强制执行的，作出行政处理决定的公安机关可以自期限届满之日起三个月内，向所在地有管辖权的人民法院申请强制执行。因情况紧急，为保障公共安全，公安机关可以申请人民法院立即执行。

强制执行的费用由被执行人承担。

第二百零七条 申请人民法院强制执行前，公安机关应当催告被处理人履行义务，催告书送达十日后被处理人仍未履行义务的，公安机关可以向人民法院申请强制执行。

第二百零八条 公安机关向人民法院申请强制执行，应当提供下列材料：

（一）强制执行申请书；

（二）行政处理决定书及作出决定的事实、理由和依据；

（三）当事人的意见及公安机关催告情况；

（四）申请强制执行标的情况；

（五）法律、法规规定的其他材料。

强制执行申请书应当由作出处理决定的公安机关负责人签名，加盖公安机关印章，并注明日期。

第二百零九条 公安机关对人民法院不予受理强制执行申请、不予强制执行的裁定有异议的，可以在十五日内向上一级人民法院申请复议。

第二百一十条 具有下列情形之一的，中止强制执行：

（一）当事人暂无履行能力的；

（二）第三人对执行标的主张权利，确有理由的；

（三）执行可能对他人或者公共利益造成难以弥补的重大损失的；

（四）其他需要中止执行的。

中止执行的情形消失后，公安机关应当恢复执行。对没有明显社会危害，当事人确无能力履行，中止执行满三年未恢复执行的，不再执行。

第二百一十一条 具有下列情形之一的，终结强制执行：

（一）公民死亡，无遗产可供执行，又无义务承受人的；

（二）法人或者其他组织终止，无财产可供执行，又无义务承受人的；

（三）执行标的灭失的；

（四）据以执行的行政处理决定被撤销的；

（五）其他需要终结执行的。

第二百一十二条 在执行中或者执行完毕后，据以执行的行政处理决定被撤销、变更，或者执行错误，应当恢复原状或者退还财物；不能恢复原状或者退还财物的，依法给予赔偿。

第二百一十三条 除依法应当销毁的物品外，公安机关依法没收或者收缴、追缴的违法所得和非法财物，必须按照国家有关规定处理或者上缴国库。

罚款、没收或者收缴的违法所得和非法财物拍卖或者变卖的款项和没收的保证金，必须全部上缴国库，不得以任何形式截留、私分或者变相私分。

第二节 罚款的执行

第二百一十四条 公安机关作出罚款决定，被处罚人应当自收到行政处罚决定书之日起十五日内，到指定的银行缴纳罚款。具有下列情形之一的，公安机关及其办案人民警察可以当场收缴罚款，法律另有规定的，从其规定：

（一）对违反治安管理行为人处五十元以下罚款和对违反交通管理的行人、乘车人和非机动车驾驶人处罚款，被处罚人没有异议的；

（二）对违反治安管理、交通管理以外的违法行为人当场处二十元以下罚款的；

（三）在边远、水上、交通不便地区、旅客列车上或者口岸，被处罚人向指定银行缴纳罚款确有困难，经被处罚人提出的；

（四）被处罚人在当地没有固定住所，不当场收缴事后难以执行的。

对具有前款第一项和第三项情形之一的，办案人民警察应当要求被处罚人签名确认。

第二百一十五条 公安机关及其人民警察当场收缴罚款的，应当出具省级或者国家财政部门统一制发的罚款收据。对不出具省级或者国家财政部门统一制发的罚款收据的，被处罚人有权拒绝缴纳罚款。

第二百一十六条 人民警察应当自收缴罚款之日起二日内，将当场收缴的罚款交至其所属公安机关；在水上当场收缴的罚款，应当自抵岸之日起二日内将当场收缴的罚款交至其所属公安机关；在旅客列车上当场收缴的罚款，应当自返回之日起二日内将当场收缴的罚款交至其所属公安机关。

公安机关应当自收到罚款之日起二日内将罚款缴付指定的银行。

第二百一十七条 被处罚人确有经济困难，经被处罚人申请和作出处罚决定的公安机关批准，可以暂缓或者分期缴纳罚款。

第二百一十八条 被处罚人未在本规定第二百一十四条规定的期限内缴纳罚款的，作出行政处罚决定的公安机关可以采取下列措施：

（一）将依法查封、扣押的被处罚人的财物拍卖或者变卖抵缴罚款。拍卖或者变卖的价款超过罚款数额的，余额部分应当及时退还被处罚人；

（二）不能采取第一项措施的，每日按罚款数额的百分之三加处罚款，加处罚款总额不得超出罚款数额。

拍卖财物，由公安机关委托拍卖机构依法办理。

第二百一十九条 依法加处罚款超过三十日，经催告被处罚人仍不履行的，作出行政处罚决定的公安机关可以按照本规定第二百零六条的规定向所在地有管辖权的人民法院申请强制执行。

第三节　行政拘留的执行

第二百二十条 对被决定行政拘留的人，由作出决定的公安机关送达拘留所执行。对抗拒执行的，可以使用约束性警械。

对被决定行政拘留的人，在异地被抓获或者具有其他有必要在异地拘留所执行情形的，经异地拘留所主管公安机关批准，可以在异地执行。

第二百二十一条 对同时被决定行政拘留和社区戒毒或者强制隔离戒毒的人员，应当先执行行政拘留，由拘留所给予必要的戒毒治疗，强制隔离戒毒期限连续计算。

拘留所不具备戒毒治疗条件的，行政拘留决定机关可以直接将被行政拘留人送公安机关管理的强制隔离戒毒所代为执行行政拘留，强制隔离戒毒期限连续计算。

第二百二十二条 被处罚人不服行政拘留处罚决定，申请行政复议或者提起行政诉讼的，可以向作出行政拘留决定的公安机关提出暂缓执行行政拘留的申请；口头提出申请的，公安机关人民警察应当予以记录，并由申请人签名或者捺指印。

被处罚人在行政拘留执行期间，提出暂缓执行行政拘留申请的，拘留所应当立即将申请转交作出行政拘留决定的公安机关。

第二百二十三条 公安机关应当在收到被处罚人提出暂缓执行行政拘留申请之时起二十四小时内作出决定。

公安机关认为暂缓执行行政拘留不致发生社会危险，且被处罚人或者其近亲属提出符合条件的担保人，或者按每日行政拘留二百元的标准交纳保证金的，应当作出暂缓执行行政拘留的决定。

对同一被处罚人，不得同时责令其提出保证人和交纳保证金。

被处罚人已送达拘留所执行的，公安机关应当立即将暂缓执行行政拘留决定送达拘留所，拘留所应当立即释放被处罚人。

第二百二十四条 被处罚人具有下列情形之一的，应当作出不暂缓执行行政拘留的决定，并告知申请人：

（一）暂缓执行行政拘留后可能逃跑的；

（二）有其他违法犯罪嫌疑，正在被调查或者侦查的；

（三）不宜暂缓执行行政拘留的其他情形。

第二百二十五条 行政拘留并处罚款的，罚款不因暂缓执行行政拘留而暂缓执行。

第二百二十六条 在暂缓执行行政拘留期间，被处罚人应当遵守下列规定：

（一）未经决定机关批准不得离开所居住的市、县；

（二）住址、工作单位和联系方式发生变动的，在二十四小时以内向决定机关报告；

（三）在行政复议和行政诉讼中不得干扰证人作证、伪造证据或者串供；

（四）不得逃避、拒绝或者阻碍处罚的执行。

在暂缓执行行政拘留期间，公安机关不得妨碍被处罚人依法行使行政复议和行政诉讼权利。

第二百二十七条 暂缓执行行政拘留的担保人应当符合下列条件：

（一）与本案无牵连；

（二）享有政治权利，人身自由未受到限制或者剥夺；

（三）在当地有常住户口和固定住所；

（四）有能力履行担保义务。

第二百二十八条 公安机关经过审查认为暂缓执行行政拘留的担保人符合条件的，由担保人出具保证书，并到公安机关将被担保人领回。

第二百二十九条 暂缓执行行政拘留的担保人应当履行下列义务：

（一）保证被担保人遵守本规定第二百二十六条的规定；

（二）发现被担保人伪造证据、串供或者逃跑的，及时向公安机关报告。

暂缓执行行政拘留的担保人不履行担保义务，致使被担保人逃避行政拘留处罚执行的，公安机关可以对担保人处以三千元以下罚款，并对被担保人恢复执行行政拘留。

暂缓执行行政拘留的担保人履行了担保义务，但被担保人仍逃避行政拘留处罚执行的，或者被处罚人逃跑后，担保人积极帮助公安机关抓获被处罚人的，可以从轻或者不予行政处罚。

第二百三十条 暂缓执行行政拘留的担保人在暂缓执行行政拘留期间，不愿继续担保或者丧失担保条件的，行政拘留的决定机关应当责令被处罚人重新提出担保人或者交纳保证金。不提出担保人又不交纳保证金的，行政拘留的决定机关应当将被处罚人送拘留所执行。

第二百三十一条 保证金应当由银行代收。在银行非营业时间，公安机关可以先行收取，并在收到保证金后的三日内存入指定的银行账户。

公安机关应当指定办案部门以外的法制、装备财务等部门负责管理保证金。严禁截留、坐支、挪用或者以其他任何形式侵吞保证金。

第二百三十二条 行政拘留处罚被撤销或者开始执行时，公安机关应当将保证金退还交纳人。

被决定行政拘留的人逃避行政拘留处罚执行的，由决定行政拘留的公安机关作出没收或者部分没收保证金的决定，行政拘留的决定机关应当将被处罚人送拘留所执行。

第二百三十三条 被处罚人对公安机关没收保证金的决定不服的，可以依法申请行政复议或者提起行政诉讼。

第四节 其他处理决定的执行

第二百三十四条 作出吊销公安机关发放的许可证或者执照处罚的，应当在被吊销的许可证或者执照上加盖吊销印章后收缴。被处罚人拒不缴销证件的，公安机关可以公告宣布作废。吊销许可证或者执照的机关不是发证机关的，作出决定的机关应当在处罚决定生效后及时通知发证机关。

第二百三十五条 作出取缔决定的，可以采取在经营场所张贴公告等方式予以公告，责令被取缔者立即停止经营活动；有违法所得的，依法予以没收或者追缴。拒不停止经营活动的，公安机关可以依法没收或者收缴其专门用于从事非法经营活动的工具、设备。已经取得营业执照的，公安机关应当通知工商行政管理部门依法撤销其营业执照。

第二百三十六条 对拒不执行公安机关依法作出的责令停产停业决定的，公安机关可以依法强制执行或者申请人民法院强制执行。

第二百三十七条 对被决定强制隔离戒毒、收容教养的人员，由作出决定的公安机关送强制隔离戒毒场所、收容教养场所执行。

对被决定社区戒毒的人员，公安机关应当责令其到户籍所在地接受社区戒毒，在户籍所在地以外的现居住地有固定住所的，可以责令其在现居住地接受社区戒毒。

第十三章 涉外行政案件的办理

第二百三十八条 办理涉外行政案件，应当维护国家主权和利益，坚持平等互利原则。

第二百三十九条 对外国人国籍的确认，以其入境时有效证件上所表明的国籍为准；国籍有疑问或者国籍不明的，由公安机关出入境管理部门协助查明。

对无法查明国籍、身份不明的外国人，按照其自报的国籍或者无国籍人对待。

第二百四十条 违法行为人为享有外交特权和豁免权的外国人的，办案公安机关应当将其身份、证件及违法行为等基本情况记录在案，保存有关证据，并尽快将有关情况层报省级公安机关，由省级公安机关商请同级人民政府外事部门通过外交途径处理。

对享有外交特权和豁免权的外国人，不得采取限制人身自由和查封、扣押的强制措施。

第二百四十一条 办理涉外行政案件，应当使用中华人民共和国通用的语言文字。对不通晓我国语言文字的，公安机关应当为其提供翻译；当事人通晓我国语言文字，不需要他人翻译的，应当出具书面声明。

经县级以上公安机关负责人批准，外国籍当事人可以自己聘请翻译，翻译费由其个人承担。

第二百四十二条 外国人具有下列情形之一，经当场盘问或者继续盘问后不能排除嫌疑，需要作进一步调查的，经县级以上公安机关或者出入境边防检查机关负责人批准，可以拘留审查：

（一）有非法出境入境嫌疑的；

（二）有协助他人非法出境入境嫌疑的；

（三）有非法居留、非法就业嫌疑的；

（四）有危害国家安全和利益，破坏社会公共秩序或者从事其他违法犯罪活动嫌疑的。

实施拘留审查，应当出示拘留审查决定书，并在二十四小时内进行询问。

拘留审查的期限不得超过三十日，案情复杂的，经上一级公安机关或者出入境边防检查机关批准可以延长至六十日。对国籍、身份不明的，拘留审查期限自查清其国籍、身份之日起计算。

第二百四十三条 具有下列情形之一的，应当解除拘留审查：

（一）被决定遣送出境、限期出境或者驱逐出境的；

（二）不应当拘留审查的；

（三）被采取限制活动范围措施的；

（四）案件移交其他部门处理的；

（五）其他应当解除拘留审查的。

第二百四十四条 外国人具有下列情形之一的，不适用拘留审查，经县级以上公安机关或者出入境边防检查机关负责人批准，可以限制其活动范围：

（一）患有严重疾病的；

（二）怀孕或者哺乳自己婴儿的；

（三）未满十六周岁或者已满七十周岁的；

（四）不宜适用拘留审查的其他情形。

被限制活动范围的外国人，应当按照要求接受审查，未经公安机关批准，不得离开限定的区域。限制活动范围的期限不得超过六十日。对国籍、身份不明的，限制活动范围期限自查清其国籍、身份之日起计算。

第二百四十五条 被限制活动范围的外国人应当遵守下列规定：

（一）未经决定机关批准，不得变更生活居所，超出指定的活动区域；

（二）在传唤的时候及时到案；

（三）不得以任何形式干扰证人作证；

（四）不得毁灭、伪造证据或者串供。

第二百四十六条 外国人具有下列情形之一的，经县级以上公安机关或者出入境边防检查机关负责人批准，可以遣送出境：

（一）被处限期出境，未在规定期限内离境的；

（二）有不准入境情形的；

（三）非法居留、非法就业的；

（四）违反法律、行政法规需要遣送出境的。

其他境外人员具有前款所列情形之一的，可以依法遣送出境。

被遣送出境的人员，自被遣送出境之日起一至五年内不准入境。

第二百四十七条 被遣送出境的外国人可以被遣送至下列国家或者地区：

（一）国籍国；

（二）入境前的居住国或者地区；

（三）出生地国或者地区；

（四）入境前的出境口岸的所属国或者地区；

（五）其他允许被遣送出境的外国人入境的国家或者地区。

第二百四十八条 具有下列情形之一的外国人，应当羁押在拘留所或者遣返场所：

（一）被拘留审查的；

（二）被决定遣送出境或者驱逐出境但因天气、交通运输工具班期、当事人健康状况等客观原因或者国籍、身份不明，不能立即执行的。

第二百四十九条 外国人对继续盘问、拘留审查、限制活动范围、遣送出境措施不服的，可以依法申请行政复议，该行政复议决定为最终决定。

其他境外人员对遣送出境措施不服，申请行政复议的，适用前款规定。

第二百五十条 外国人具有下列情形之一的，经县级以上公安机关或者出入境边防检查机关决定，可以限期出境：

（一）违反治安管理的；

（二）从事与停留居留事由不相符的活动的；

（三）违反中国法律、法规规定，不适宜在中国境内继续停留居留的。

对外国人决定限期出境的，应当规定外国人离境的期限，注销其有效签证或者停留居留证件。限期出境的期限不得超过三十日。

第二百五十一条 外国人违反治安管理或者出境入境管理，情节严重，尚不构成犯罪的，承办的公安机关可以层报公安部处以驱逐出境。公安部作出的驱逐出境决定为最终决定，由承办机关宣布并执行。

被驱逐出境的外国人，自被驱逐出境之日起十年内不准入境。

第二百五十二条 对外国人处以罚款或者行政拘留并处限期出境或者驱逐出境的，应当于罚款或者行政拘留执行完毕后执行限期出境或者驱逐出境。

第二百五十三条 办理涉外行政案件，应当按照国家有关办理涉外案件的规定，严格执行请示报告、内部通报、对外通知等各项制度。

第二百五十四条 对外国人作出行政拘留、拘留审查或者其他限制人身自由以及限制活动范围的决定后，决定机关应当在四十八小时内将外国人的姓名、性别、入境时间、护照或者其他身份证件号码，案件发生的时间、地点及有关情况，违法的主要事实，已采取的措施及其法律依据等情况报告省级公安机关；省级公安机关应当在规定期限内，将有关情况通知该外国人所属国家的驻华使馆、领馆，并通报同级人民政府外事部门。当事人要求不通知使馆、领馆，且我国与当事人国籍国未签署双边协议规定必须通知的，可以不通知，但应当由其本人提出书面请求。

第二百五十五条 外国人在被行政拘留、拘留审查或者其他限制人身自由以及限制活动范围期间死亡的，有关省级公安机关应当通知该外国人所属国家驻华使馆、领馆，同时报告公安部并通报同级人民政府外事部门。

第二百五十六条 外国人在被行政拘留、拘留审查或者其他限制人身自由以及限制活动范围期间，其所属国家驻华外交、领事官员要求探视的，决定机关应当及时安排。该外国人拒绝其所属国家驻华外交、领事官员探视的，公安机关可以不予安排，但应当由其本人出具书面声明。

第二百五十七条 办理涉外行政案件，本章未作规定的，适用其他各章的有关规定。

第十四章　案件终结

第二百五十八条 行政案件具有下列情形之一的，应当予以结案：

（一）作出不予行政处罚决定的；

（二）按照本规定第十章的规定达成调解、和解协议并已履行的；

（三）作出行政处罚等处理决定，且已执行的；

（四）违法行为涉嫌构成犯罪，转为刑事案件办理的；

（五）作出处理决定后，因执行对象灭失、死亡等客观原因导致无法执行或者无需执行的。

第二百五十九条 经过调查，发现行政案件具有下列情形之一的，经公安派出所、县级公安机关办案部门或者出入境边防检查机关以上负责人批准，终止调查：

（一）没有违法事实的；

（二）违法行为已过追究时效的；

（三）违法嫌疑人死亡的；

（四）其他需要终止调查的情形。

终止调查时，违法嫌疑人已被采取行政强制措施的，应当立即解除。

第二百六十条 对在办理行政案件过程中形成的文书材料，应当按照一案一卷原则建立案卷，并按照有关规定在结案或者终止案件调查后将案卷移交档案部门保管或者自行保管。

第二百六十一条 行政案件的案卷应当包括下列内容：

（一）受案登记表或者其他发现案件的记录；

（二）证据材料；

（三）决定文书；

（四）在办理案件中形成的其他法律文书。

第二百六十二条 行政案件的法律文书及定性依据材料应当齐全完整，不得损毁、伪造。

第十五章 附 则

第二百六十三条 省级公安机关应当建立并不断完善统一的执法办案信息系统。

办案部门应当按照有关规定将行政案件的受理、调查取证、采取强制措施、处理等情况以及相关文书材料录入执法办案信息系统，并进行网上审核审批。

公安机关可以使用电子签名、电子指纹捺印技术制作电子笔录等材料，可以使用电子印章制作法律文书。对案件当事人进行电子签名、电子指纹捺印的过程，公安机关应当同步录音录像。

第二百六十四条 执行本规定所需要的法律文书式样，由公安部制定。公安部没有制定式样，执法工作中需要的其他法律文书，省级公安机关可以制定式样。

第二百六十五条 本规定所称“以上”、“以下”、“内”皆包括本数或者本级。

第二百六十六条 本规定自2013年1月1日起施行，依照《中华人民共和国出境入境管理法》新设定的制度自2013年7月1日起施行。2006年8月24日发布的《公安机关办理行政案件程序规定》同时废止。

公安部其他规章对办理行政案件程序有特别规定的，按照特别规定办理；没有特别规定的，按照本规定办理。

公安机关执行《中华人民共和国治安管理处罚法》有关问题的解释

（2006年1月23日　公通字〔2006〕12号）

根据全国人大常委会《关于加强法律解释工作的决议》的规定，现对公安机关执行《中华人民共和国治安管理处罚法》（以下简称《治安管理处罚法》）的有关问题解释如下：

一、关于治安案件的调解问题。根据《治安管理处罚法》第9条的规定，对因民间纠纷引起的打架斗殴或者损毁他人财物以及其他违反治安管理行为，情节较轻的，公安机关应当本着化解矛盾纠纷、维护社会稳定、构建和谐社会的要求，依法尽量予以调解处理。特别是对因家庭、邻里、同事之间纠纷引起的违反治安管理行为，情节较轻，双方当事人愿意和解的，如制造噪声、发送信息、饲养动物干扰他人正常生活，放任动物恐吓他人、侮辱、诽谤、诬告陷害、侵犯隐私、偷开机动车等治安案件，公安机关都可以调解处理。同时，为确保调解取得良好效果，调解前应当及时依法做深入细致的调查取证工作，以查明事实、收集证据、分清责任。调解达成协议的，应当制作调解书，交双方当事人签字。

二、关于涉外治安案件的办理问题。《治安管理处罚法》第10条第2款规定："对违反治安管理的外国人，可以附加适用限期出境或者驱逐出境"。对外国人需要依法适用限期出境、驱逐出境处罚的，由承办案件的公安机关逐级上报公安部或者公安部授权的省级人民政府公安机关决定，由承办案件的公安机关执行。对外国人依法决定行政拘留的，由承办案件的县级以上（含县级，下同）公安机关决定，不再报上一级公安机关批准。对外国人依法决定警告、罚款、行政拘留，并附加适用限期出境、驱逐出境处罚的，应当在警告、罚款、行政拘留执行完毕后，再执行限期出境、驱逐出境。

三、关于不予处罚问题。《治安管理处罚法》第12条、第13条、第14条、

第19条对不予处罚的情形作了明确规定，公安机关对依法不予处罚的违反治安管理行为人，有违法所得的，应当依法予以追缴；有非法财物的，应当依法予以收缴。

《治安管理处罚法》第22条对违反治安管理行为的追究时效作了明确规定，公安机关对超过追究时效的违反治安管理行为不再处罚，但有违禁品的，应当依法予以收缴。

四、关于对单位违反治安管理的处罚问题。《治安管理处罚法》第18条规定，“单位违反治安管理的，对其直接负责的主管人员和其他直接责任人员依照本法的规定处罚。其他法律、行政法规对同一行为规定给予单位处罚的，依照其规定处罚”，并在第54条规定可以吊销公安机关发放的许可证。对单位实施《治安管理处罚法》第三章所规定的违反治安管理行为的，应当依法对其直接负责的主管人员和其他直接责任人员予以治安管理处罚；其他法律、行政法规对同一行为明确规定由公安机关给予单位警告、罚款、没收违法所得、没收非法财物等处罚，或者采取责令其限期停业整顿、停业整顿、取缔等强制措施的，应当依照其规定办理。对被依法吊销许可证的单位，应当同时依法收缴非法财物、追缴违法所得。参照刑法的规定，单位是指公司、企业、事业单位、机关、团体。

五、关于不执行行政拘留处罚问题。根据《治安管理处罚法》第21条的规定，对“已满十四周岁不满十六周岁的”，“已满十六周岁不满十八周岁，初次违反治安管理的”，“七十周岁以上的”，“怀孕或者哺乳自己不满一周岁婴儿的”违反治安管理行为人，可以依法作出行政拘留处罚决定，但不投送拘留所执行。被处罚人居住地公安派出所应当会同被处罚人所在单位、学校、家庭、居（村）民委员会、未成年人保护组织和有关社会团体进行帮教。上述未成年人、老年人的年龄、怀孕或者哺乳自己不满1周岁婴儿的妇女的情况，以其实施违反治安管理行为或者正要执行行政拘留时的实际情况确定，即违反治安管理行为人在实施违反治安管理行为时具有上述情形之一的，或者执行行政拘留时符合上述情形之一的，均不再投送拘留所执行行政拘留。

六、关于取缔问题。根据《治安管理处罚法》第54条的规定，对未经许可，擅自经营按照国家规定需要由公安机关许可的行业的，予以取缔。这里的“按照国家规定需要由公安机关许可的行业”，是指按照有关法律、行政法规和国务院决定的有关规定，需要由公安机关许可的旅馆业、典当业、公章刻制业、保安培训业等行业。取缔应当由违反治安管理行为发生地的县级以上公安机关作出决定，按照《治安管理处罚法》的有关规定采取相应的措施，如责令停止相关经营活动、进入无证经营场所进行检查、扣押与案件有关的需要作为证据的物品等。在取缔的同时，应当依法收缴非法财物、追缴违法所得。

七、关于强制性教育措施问题。《治安管理处罚法》第 76 条规定，对有“引诱、容留、介绍他人卖淫”，“制作、运输、复制、出售、出租淫秽的书刊、图片、影片、音像制品等淫秽物品或者利用计算机信息网络、电话以及其他通讯工具传播淫秽信息”，“以营利为目的，为赌博提供条件的，或者参与赌博赌资较大的”行为，“屡教不改的，可以按照国家规定采取强制性教育措施”。这里的“强制性教育措施”目前是指劳动教养；“按照国家规定”是指按照《治安管理处罚法》和其他有关劳动教养的法律、行政法规的规定；“屡教不改”是指有上述行为被依法判处刑罚执行期满后五年内又实施前述行为之一，或者被依法予以罚款、行政拘留、收容教育、劳动教养执行期满后三年内实施前述行为之一，情节较重，但尚不够刑事处罚的情形。

八、关于询问查证时间问题。《治安管理处罚法》第 83 条第 1 款规定，“对违反治安管理行为人，公安机关传唤后应当及时询问查证，询问查证的时间不得超过八小时；情况复杂，依照本法规定可能适用行政拘留处罚的，询问查证的时间不得超过二十四小时”。这里的“依照本法规定可能适用行政拘留处罚”，是指本法第三章对行为人实施的违反治安管理行为设定了行政拘留处罚，且根据其行为的性质和情节轻重，可能依法对违反治安管理行为人决定予以行政拘留的案件。

根据《治安管理处罚法》第 82 条和第 83 条的规定，公安机关或者办案部门负责人在审批书面传唤时，可以一并审批询问查证时间。对经过询问查证，属于“情况复杂”，且“依照本法规定可能适用行政拘留处罚”的案件，需要对违反治安管理行为人适用超过 8 小时询问查证时间的，需口头或者书面报经公安机关或者其办案部门负责人批准。对口头报批的，办案民警应当记录在案。

九、关于询问不满 16 周岁的未成年人问题。《治安管理处罚法》第 84 条、第 85 条规定，询问不满 16 周岁的违反治安管理行为人、被侵害人或者其他证人，应当通知其父母或者其他监护人到场。上述人员父母双亡，又没有其他监护人的，因种种原因无法找到其父母或者其他监护人的，以及其父母或者其他监护人收到通知后拒不到场或者不能及时到场的，办案民警应当将有关情况在笔录中注明。为保证询问的合法性和证据的有效性，在被询问人的父母或者其他监护人不能到场时，可以邀请办案地居（村）民委员会的人员，或者被询问人在办案地有完全行为能力的亲友，或者所在学校的教师，或者其他见证人到场。询问笔录应当由办案民警、被询问人、见证人签名或者盖章。有条件的地方，还可以对询问过程进行录音、录像。

十、关于铁路、交通、民航、森林公安机关和海关侦查走私犯罪公安机构以及新疆生产建设兵团公安局的治安管理处罚权问题。《治安管理处罚法》第91条规定："治安管理处罚由县级以上人民政府公安机关决定；其中警告、五百元以下罚款可以由公安派出所决定。"根据有关法律，铁路、交通、民航、森林公安机关依法负责其管辖范围内的治安管理工作，《中华人民共和国海关行政处罚实施条例》第6条赋予了海关侦查走私犯罪公安机构对阻碍海关缉私警察依法执行职务的治安案件的查处权。为有效维护社会治安，县级以上铁路、交通、民航、森林公安机关对其管辖的治安案件，可以依法作出治安管理处罚决定，铁路、交通、民航、森林公安派出所可以作出警告、500元以下罚款的治安管理处罚决定；海关系统相当于县级以上公安机关的侦查走私犯罪公安机构可以依法查处阻碍缉私警察依法执行职务的治安案件，并依法作出治安管理处罚决定。

新疆生产建设兵团系统的县级以上公安局应当视为"县级以上人民政府公安机关"，可以依法作出治安管理处罚决定；其所属的公安派出所可以依法作出警告、500元以下罚款的治安管理处罚决定。

十一、关于限制人身自由的强制措施折抵行政拘留问题。《治安管理处罚法》第92条规定："对决定给予行政拘留处罚的人，在处罚前已经采取强制措施限制人身自由的时间，应当折抵。限制人身自由一日，折抵行政拘留一日。"这里的"强制措施限制人身自由的时间"，包括被行政拘留人在被行政拘留前因同一行为被依法刑事拘留、逮捕时间。如果被行政拘留人被刑事拘留、逮捕的时间已超过被行政拘留的时间的，则行政拘留不再执行，但办案部门必须将《治安管理处罚决定书》送达被处罚人。

十二、关于办理治安案件期限问题。《治安管理处罚法》第99条规定："公安机关办理治安案件的期限，自受理之日起不得超过三十日；案情重大、复杂的，经上一级公安机关批准，可以延长三十日。为了查明案情进行鉴定的期间，不计入办理治安案件的期限。"这里的"鉴定期间"，是指公安机关提交鉴定之日起至鉴定机构作出鉴定结论并送达公安机关的期间。公安机关应当切实提高办案效率，保证在法定期限内办结治安案件。对因违反治安管理行为人逃跑等客观原因造成案件不能在法定期限内办结的，公安机关应当继续进行调查取证，及时依法作出处理决定，不能因已超过法定办案期限就不再调查取证。因违反治安管理行为人在逃，导致无法查清案件事实，无法收集足够证据而结不了案的，公安机关应当向被侵害人说明原因。对调解未达成协议或者达成协议后不履行的治安案件的办案期限，应当从调解未达成协议或者达成协议后不履行之日起开始计算。

公安派出所承办的案情重大、复杂的案件，需要延长办案期限的，应当报所属县级以上公安机关负责人批准。

十三、关于将被拘留人送达拘留所执行问题。《治安管理处罚法》第103条规定："对被决定给予行政拘留处罚的人，由作出决定的公安机关送达拘留所执行。"这里的"送达拘留所执行"，是指作出行政拘留决定的公安机关将被决定行政拘留的人送到拘留所并交付执行，拘留所依法办理入所手续后即为送达。

十四、关于治安行政诉讼案件的出庭应诉问题。《治安管理处罚法》取消了行政复议前置程序。被处罚人对治安管理处罚决定不服的，既可以申请行政复议，也可以直接提起行政诉讼。对未经行政复议和经行政复议决定维持原处罚决定的行政诉讼案件，由作出处罚决定的公安机关负责人和原办案部门的承办民警出庭应诉；对经行政复议决定撤销、变更原处罚决定或者责令被申请人重新作出具体行政行为的行政诉讼案件，由行政复议机关负责人和行政复议机构的承办民警出庭应诉。

十五、关于《治安管理处罚法》的溯及力问题。按照《中华人民共和国立法法》第84条的规定，《治安管理处罚法》不溯及既往。《治安管理处罚法》施行后，对其施行前发生且尚未作出处罚决定的违反治安管理行为，适用《中华人民共和国治安管理处罚条例》；但是，如果《治安管理处罚法》不认为是违反治安管理行为或者处罚较轻的，适用《治安管理处罚法》。

公安机关执行《中华人民共和国治安管理处罚法》有关问题的解释（二）

（2007年1月8日　公通字〔2007〕1号）

为正确、有效地执行《中华人民共和国治安管理处罚法》（以下简称《治安管理处罚法》），根据全国人民代表大会常务委员会《关于加强法律解释工作的决议》的规定，现对公安机关执行《治安管理处罚法》的有关问题解释如下：

一、关于制止违反治安管理行为的法律责任问题

为了免受正在进行的违反治安管理行为的侵害而采取的制止违法侵害行为，不属于违反治安管理行为。但对事先挑拨、故意挑逗他人对自己进行侵害，然后以制止违法侵害为名对他人加以侵害的行为，以及互相斗殴的行为，应当予以治安管理处罚。

二、关于未达目的违反治安管理行为的法律责任问题

行为人为实施违反治安管理行为准备工具、制造条件的，不予处罚。

行为人自动放弃实施违反治安管理行为或者自动有效地防止违反治安管理行为结果发生，没有造成损害的，不予处罚；造成损害的，应当减轻处罚。

行为人已经着手实施违反治安管理行为，但由于本人意志以外的原因而未得逞的，应当从轻处罚、减轻处罚或者不予处罚。

三、关于未达到刑事责任年龄不予刑事处罚的，能否予以治安管理处罚问题

对已满十四周岁不满十六周岁不予刑事处罚的，应当责令其家长或者监护人加以管教；必要时，可以依照《治安管理处罚法》的相关规定予以治安管理处罚，或者依照《中华人民共和国刑法》第十七条的规定予以收容教养。

四、关于减轻处罚的适用问题

违反治安管理行为人具有《治安管理处罚法》第十二条、第十四条、第十九条减轻处罚情节的，按下列规定适用：

（一）法定处罚种类只有一种，在该法定处罚种类的幅度以下减轻处罚；

（二）法定处罚种类只有一种，在该法定处罚种类的幅度以下无法再减轻处罚的，不予处罚；

（三）规定拘留并处罚款的，在法定处罚幅度以下单独或者同时减轻拘留和罚款，或者在法定处罚幅度内单处拘留；

（四）规定拘留可以并处罚款的，在拘留的法定处罚幅度以下减轻处罚；在拘留的法定处罚幅度以下无法再减轻处罚的，不予处罚。

五、关于“初次违反治安管理”的认定问题

《治安管理处罚法》第二十一条第二项规定的“初次违反治安管理”，是指行为人的违反治安管理行为第一次被公安机关发现或者查处。但具有下列情形之一的，不属于“初次违反治安管理”：

（一）曾违反治安管理，虽未被公安机关发现或者查处，但仍在法定追究时效内的；

（二）曾因不满十六周岁违反治安管理，不执行行政拘留的；

（三）曾违反治安管理，经公安机关调解结案的；

（四）曾被收容教养、劳动教养的；

（五）曾因实施扰乱公共秩序，妨害公共安全，侵犯人身权利、财产权利，妨害社会管理的行为被人民法院判处刑罚或者免除刑事处罚的。

六、关于扰乱居（村）民委员会秩序和破坏居（村）民委员会选举秩序行为的法律适用问题

对扰乱居（村）民委员会秩序的行为，应当根据其具体表现形式，如侮辱、诽谤、殴打他人、故意伤害、故意损毁财物等，依照《治安管理处罚法》的相关规定予以处罚。

对破坏居（村）民委员会选举秩序的行为，应当依照《治安管理处罚法》第二十三条第一款第五项的规定予以处罚。

七、关于殴打、伤害特定对象的处罚问题

对违反《治安管理处罚法》四十三条第二款第二项规定行为的处罚，不要求行为人主观上必须明知殴打、伤害的对象为残疾人、孕妇、不满十四周岁的人或者六十周岁以上的人。

八、关于“结伙”、“多次”、“多人”的认定问题

《治安管理处罚法》中规定的“结伙”是指两人（含两人）以上；“多次”是指三次（含三次）以上；“多人”是指三人（含三人）以上。

九、关于运送他人偷越国（边）境、偷越国（边）境和吸食、注射毒品行为的法律适用问题

对运送他人偷越国（边）境、偷越国（边）境和吸食、注射毒品行为的行政处罚，适用《治安管理处罚法》第六十一条、第六十二条第二款和第七十二条第三项的规定，不再适用全国人民代表大会常务委员会《关于严惩组织、运送他人偷越国（边）境犯罪的补充规定》和《关于禁毒的决定》的规定。

十、关于居住场所与经营场所合一的检查问题

违反治安管理行为人的居住场所与其在工商行政管理部门注册登记的经营场所合一的，在经营时间内对其检查时，应当按照检查经营场所办理相关手续；在非经营时间内对其检查时，应当按照检查公民住所办理相关手续。

十一、关于被侵害人是否有权申请行政复议问题

根据《中华人民共和国行政复议法》第二条的规定，治安案件的被侵害人认为公安机关依据《治安管理处罚法》作出的具体行政行为侵犯其合法权益的，可以依法申请行政复议。